NUEVOS ESPACIOS DE SEGURIDAD NACIONAL

Cómo proteger la información en el ciberespacio

Dr. Cristian Barría Huidobro

EDICIONES UNIVERSIDAD MAYOR

NUEVOS ESPACIOS DE SEGURIDAD NACIONAL

Cómo proteger la información en el ciberespacio

Dr. Cristian Barría Huidobro

NUEVOS ESPACIOS DE SEGURIDAD NACIONAL.
Cómo proteger la información en el ciberespacio

Dr. Cristian Barría Huidobro

Primera edición: Julio de 2020

San Pío X 2422, Providencia, Santiago de Chile
Teléfono: 6003281000
www.umayor.cl

ISBN EDICIÓN IMPRESA: 978-956-6086-02-4
RPI: 2020-A-2599

Dirección editorial: Andrea Viu S.
www.epigrafe.cl

Diseño y diagramación: Pablo García C.
www.borde.cl

Diagramación digital: ebooks Patagonia
www.ebookspatagonia.com
info@ebookspatagonia.com

Introducción

En el transcurso de menos de un siglo, durante las pasadas décadas, los diferentes organismos responsables de defensa, en distintas partes del mundo, se han visto en la necesidad de llevar a cabo una rearticulación de sus procedimientos y prioridades, al enfrentarse ya no solo a la protección y vigilancia de los dominios tradicionales de tierra, mar y aire. Hoy en día se ha vuelto necesario enfrentarse además a un dominio de tipo global y artificial: el del ciberespacio. Actualmente, frente al vertiginoso avance de las tecnologías constatamos que, en la convivencia de tiempos digitales v/s tiempos analógicos, resulta cada vez más urgente la oportuna toma de decisiones. Por otro lado, el incremento en los volúmenes de información que administran las organizaciones genera un nuevo tipo de problemática (División Doctrina del Ejécito de Chile, 2014). En lo que se refiere a la tasa de duplicación del conocimiento (TDC), Ray Kurzweil, uno de los principales especialistas en ciencias de la computación e ingeniería artificial, calcula que durante el siglo XX acontecieron cambios de paradigmas cada diez años en promedio y, afirma, que durante el siglo XXI, el cambio será mil veces más acelerado que en el anterior (Kurzweil, 1999). En otras palabras, la Ley de Moore (la cual expresa que aproximadamente cada dos años se duplica el número de transistores en un microprocesador) parece encogerse frente a esta realidad y es precisamente este fabuloso incremento en las capacidades del hardware, el responsable de la revolución tecnológica de los últimos cincuenta años, el cual permite (y obliga también a) afrontar desafíos de una magnitud hasta hace muy poco tiempo, impensables (Navarro, 2009).

De esta manera, el ciberespacio, al caracterizarse por ser un sistema en permanente evolución, es denso y variado. Esto implica, entre otras cosas, que está poblado no solo de información, sino también de entornos de infraestructura de redes interdependientes, los cuales incluyen otros sistemas: el internet mismo, las telecomunicaciones, la electrónica, los sistemas informáticos corporativos, los servidores, los procesadores y los controladores.

Así entonces, es necesario tener en cuenta que el ciberespacio es un entorno generado por los seres humanos, que nos aporta enormes beneficios, pero, en contrapartida, también posibilita riesgos aún desconocidos (Mishra, 2013). El ciberespacio opera en el espectro electromagnético y sus nodos físicos se establecen en los dominios tradicionales, los cuales, al estar interrelacionados, conllevan implicancias asociadas a los riesgos que pudiesen traspasarse entre ellos del mismo modo que una enfermedad -o en el peor de los casos- como una epidemia. Estos nodos podrían ser administrados u operados por organizaciones privadas o gubernamentales (Carr, 2010).

Resulta innegable que la revolución digital ha aportado beneficios tanto en innovación como en crecimiento a distintos modelos de negocios desarrollados a través de internet, pero también ha generado una dependencia del ciberespacio, la cual expone estos modelos a amenazas. Los activos que anteriormente fueron protegidos físicamente, ahora están expuestos dentro de la red. Del mismo modo, canales pertenecientes a clientes devienen vulnerables a la interrupción de operaciones y, en consecuencia, los delincuentes tienen nuevas oportunidades para robar y cometer fraudes. Como las barreras con las que se cuenta para la protección contra delitos informáticos comúnmente son débiles, en tanto que los métodos de ataque son crecientemente más sofisticados, esta combinación trae consigo que los riesgos que se detectan o que efectivamente son eliminados, son mínimos (Deloitte, 2013).

Las operaciones de los diferentes organismos vinculados al área de defensa en el ciberespacio han venido sucediendo desde antes de la llegada de internet (Caton, 2015). Es sabido que las agresiones entre Estados, empleando programas o códigos informáticos maliciosos, comúnmente denominados malware, en la actualidad son sumamente sofisticados, ocasionando en algunos casos efectos devastadores. Estas agresiones se han incrementado con especial intensidad desde el año 2007. En el contexto de los países que pertenecen a la OTAN, no existe interdependencia entre los gobiernos con respecto a los protocolos de Infraestructura Crítica de Información (ICI). Por el contrario, el desarrollo y la implementación de medidas de seguridad para la información y la investigación en sistemas y redes de computación, solo son algoritmos y heurísticas particulares, basados en una autarquía tecnológica (independencia tecnológica) que no se transfiere a terceros y que constituye un activo vital que debe ser protegido ante incidentes estratégicos que pudiesen afectar a otras naciones (Moore, 2010). Debido a la presencia de este tipo de ataques y amenazas, provenientes de malware de alta sofisticación destinados a dañar la ICI, servicios esenciales o los denominados servidores de mando y control, el poder ejecutivo del país afectado puede, eventualmente, disponer la neutralización de los servidores emisores de la agresión (Naciones Unidas, s.f.).

Por los factores expuestos anteriormente, y considerando el contexto global actual, en esta investigación se expone una clasificación y actualización del análisis del código malicioso basado en ofuscación, para aportar, de este modo, en el proceso mediante el cual diferentes instituciones puedan generar sus instancias pertinentes para fortalecer los Sistemas de Gestión de Seguridad de la Información (SGSI), a través de la mitigación, mantención y respuesta a los sistemas protegidos.

De esta manera, adquiriendo la capacidad de anticipar y reaccionar a tiempo, las consecuencias serán mínimas. Si, por el contrario, no se elabora una organización preventiva, tarde o temprano se sufrirán las consecuencias que la improvisación y la falta de procedimientos defensivos ante una intervención dejan a la vista, sin contar ya, probablemente, con la posibilidad de identificar el verdadero daño o la profundidad del mismo (División Doctrina del Ejército de Chile, 2014).

El reconocimiento del ciberespacio como un nuevo dominio dentro del campo de batalla tradicional (León, 2017), conlleva la necesidad de crear un organismo responsable del mismo, tal como lo son los ejércitos, las armadas y las fuerzas aéreas respecto del espacio terrestre, marítimo y aéreo, respectivamente. Es decir, es fundamental la existencia de una entidad que preserve la seguridad de la información, considerando los aspectos de confidencialidad, integridad y disponibilidad de la misma (Centro Superior de Estudios de la Defensa Nacional, 2012). Esta necesidad surge debido a la proliferación de sujetos que, de manera individual (hackers, *crackers*, *script kiddies*, entre otros) o agrupados (movimientos hacktivistas) han pasado a formar parte de las amenazas que afectan de manera fundamental la protección de datos (Peaget, 2011).

No obstante, es posible identificar un denominador común a la hora de definir las herramientas a través de las cuales las vulnerabilidades están siendo explotadas por estos individuos o grupos hacktivistas: el denominado malware o códigos maliciosos (Department of Defense US, 2015). Dentro de los malware es posible categorizar diferentes clases, entre las que destacan virus, gusanos, botnet y troyanos. Estos, generalmente, se emplean como mecanismos para obtener información, dada su tecnología invasiva que, tal como las armas físicas, pueden causar daño a los distintos sistemas informáticos (Milošević, s.f.).

Dadas estas vulnerabilidades, cada vez se hace más necesario el fortalecimiento de los SGSI, específicamente, en lo que se refiere a la clasificación y actualización de malware basado en ofuscación y, a su vez, en el desarrollo de un mecanismo que automatice dicho procedimiento, para mitigar, mantener y dar respuesta a la protección de sistemas que son parte de la ICI (Valencia, 2017).

Capítulo I

Base conceptual

1.1. Información

Uno de los activos más preciados en el ciberespacio es el que denominamos "dato". Este, en su conjunto, genera información, que incluso una doctrina geopolítica como la rusa, en relación a la ciberguerra, clasifica como un arma de alta peligrosidad porque es de bajo costo, acceso universal y traspasa todas las fronteras, sin restricciones (Darczewska, 2014).

1.2. Ciberespacio

El concepto "ciber", que parece ser muy moderno, no lo es en absoluto. Lo tomamos de la palabra cibernética, que etimológicamente nos llega del francés (*cibernétique*) el cual, a su vez, la toma del inglés (*cybernetics*). No obstante, originalmente viene del griego *kybernêtikê*, en referencia al arte de gobernar una nave. Cabe señalar que el término presenta divergencias en el ámbito internacional y su definición depende de los intereses de quien lo emplee. Su uso se masifica a partir de los años 80, cuando el escritor estadounidense William Gibson, establece el término ciberespacio en su premiada novela *Neuromante*, para describir una red ficticia de computadoras que contenía una enorme cantidad de información, la cual podría explotarse, con el fin de adquirir riquezas y poder (Gibson, 1984). Sin embargo, el ciberespacio se entiende, en términos generales, como un ambiente compuesto por las infraestructuras tecnológicas, los componentes lógicos de la información y las interacciones sociales que se verifican en su interior. En lo particular, se refiere conceptualmente a la dimensión generada durante el tiempo de interconexión e interoperabilidad de redes, sistemas, equipos, personas relacionadas con los sistemas informáticos y las telecomunicaciones, que surge de la evolución tecnológica de las redes para el transporte de datos, las tecnologías para su procesamiento y los sistemas necesarios para su representación y empleo. Dichos datos, a su vez, son la representación de algún hecho en el mundo físico (Ministerio de Defensa Nacional, 2016). El ciberespacio, en definitiva, comprende un espectro complejo: es transaccional, combina amenazas que han sido vinculadas a actores estatales y no estatales, afecta a vulnerabilidades civiles y militares, permite soslayar o vulnerar la legislación, las políticas y la doctrina. Es, sin duda, uno de los puntos cruciales más frágiles de las sociedades modernas. En este sentido, es posible reconcer las siguientes características como propias del ciberespacio: discreto, dinámico, extraterritorial, desregulado, anónimo y privado (Darczewska, 2014). Debido a esta complejidad de factores, la ciberseguridad es dinámica, flexible, ágil y capaz de anticiparse a las amenazas emergentes. Al mismo tiempo, necesita ser capaz de identificar nuevas capacidades para el desarrollo de soluciones de seguridad, las cuales, acompañadas de personal idóneo, serán una fuerza perdurable para enfrentar los riegos presentes (Department of Defense EEUU, 2015).

1.3. Ciberseguridad

El concepto de ciberseguridad, como ya se ha dicho, se refiere directamente a las acciones tendientes a preservar la confidencialidad de los datos que circulan y se almacenan en el dominio virtual. Esto con el propósito de, por un lado, mantener el funcionamiento de la infraestructura física que le da soporte y, por otro, de impedir que acciones en el ciberespacio tengan manifestaciones nocivas, tanto para las personas como para las organizaciones civiles o del Estado. La ciberseguridad, de este modo, preserva datos, sistemas y servicios que circulan por las redes (Ministerio de Defensa Nacional, 2016), es decir, apunta al objetivo de enfrentar desde un mínimo de riesgo y amenazas en el ciberespacio y se refiere conceptualmente también al conjunto de políticas y técnicas destinadas a lograr dicha condición.

1.4. Ciberataque

Se define como aquel incidente de seguridad que evidencia la ejecución intencional de acciones que afectan redes, sistemas o datos de organizaciones públicas, privadas y, especialmente, del sector defensa. El incidente puede estar compuesto por una o por múltiples acciones, las cuales se relacionan por su origen, por la técnica empleada o por el objeto afectado (Ministerio de Defensa Nacional, 2016).

1.5. Ciberarmas

Resulta importante destacar que el concepto de ciberarmas es similar al de las armas físicas, en el sentido de que ambas son capaces de destruir sistemas de infraestructura crítica y de información, de deshabilitar redes eléctricas, desactivar sistemas aéreos, conectividad a internet, alterar transacciones bancarias y obstruir los sistemas de radares, entre otros.

Sin embargo, los instrumentos tradicionales de control de armas y desarme no resultan en la práctica aplicables al ciberespacio. Todavía no es posible verificar exhaustivamente la actividad cibernética, en buena parte, porque no se ha llegado a una definición consensuada de "arma cibernética". Las actividades llevadas a cabo en el ciberespacio no pueden seguir siendo diferenciadas del modo que se ha hecho tradicionalmente, solo entre civiles y militares. Asimismo, tampoco pueden ser fácilmente limitadas ni pueden imponerse restricciones de capacidades técnicas a los Estados para el desarrollo de mecanismos de defensa de este tipo. Es necesario tener en consideración que hay países que trabajan durante años y gastan altas cantidades de dinero en construir elaboradas instalaciones que les permitan unirse al exclusivo club de naciones que han poseído o poseen armas nucleares. Frente a esa realidad, entrar en el club *cyberweapon* es más fácil, más barato y está al alcance de casi cualquier persona con dinero y un computador (Harari, 2016).

1.6. Ingeniería social

Este concepto se refiere a un conjunto de técnicas psicológicas y habilidades sociales (como la influencia, la persuasión y la sugestión) dirigidas directa o indirectamente, hacia un usuario con el objetivo de lograr que revele información sensible o datos útiles sin ser consciente del acto malicioso. Estas técnicas se pueden realizar mediante el empleo de tecnología o del trato personal (Hadnagy, 2010).

1.7. Sistema de Gestión de Seguridad de la Información (SGSI)

El SGSI comprende un conjunto de elementos que surgen de los distintos dominios que propone la norma ISO 27.000, específicamente los números 1 y 2, que fijan los estándares en materias de seguridad de la información y cuyo "objetivo es preservar la confidencialidad, integridad y disponibilidad" de la misma, incorporando un proceso de gestión de riesgo para proporcionar confianza a las partes interesadas (Instituto Nacional de Normalización, 2013). El SGSI, por tanto, cobra pleno sentido en el denominado ciberespacio y en lo que respecta a todos los componentes asociados al riesgo informático (ciberarmas, ciberataques, entre otros).

1.8. Antivirus

Aplicación para la evaluación de riesgo y medidas de mitigación ante códigos maliciosos. Una de las características que deben tener los fabricantes de antivirus para poder enfrentar con éxito los distintos malware en el ciberespacio, es la capacidad de intercambiar información efectiva entre ellas, con el fin de detectar la aparición de nuevas amenazas (Bailey et al., 2007).

1.9. Malware

Es una abreviación de software malicioso en inglés *(malicious software)*, que si bien en términos generales se refiere a cambios de comportamiento en el estado de un sistema, ha sido concebido para conseguir acceso a los medios tecnológicos y recursos de la red, perturbar las operaciones de computadores y recopilar información personal u organizacional sin tener el consentimiento de los administradores, generando así una amenaza para la disponibilidad de internet, la integridad de sus anfitriones y la privacidad de los usuarios (Islam, 2012). En las tres últimas décadas el concepto ha cambiado, desde aquel desarrollado para efectuar pruebas de seguridad hasta aquellos creados para sabotear infraestructuras críticas y de la información (Zagreb Consultora Limitada, 2008).

1.10. Análisis de Malware

El análisis de malware es un proceso que contribuye a la gestión de incidentes, a través del cual se trata de otorgar respuestas precisas a una serie de interrogantes entre las que podemos encontrar comúnmente las siguientes:

- ¿Qué? -denegación de servicios- intermitencia en la red, eliminación de datos, entre otros.
- ¿Cómo? -adjunto de correo- dispositivo de almacenamiento externo contaminado, sitio web malicioso, entre otros.
- ¿Cuándo? -durante el horario laboral- en la noche, fines de semana, entre otros.
- ¿Impacto? -datos expuestos- robo de datos comerciales, penalidad legal, entre otros.
- Grado de diseminación -solo un equipo, departamento, red completa, entre otros.

El grado de certidumbre en las respuestas será proporcional al análisis del malware, por lo cual entre más detallado sea este, con mayor precisión se responderá a los eventos propios de la existencia de malware en la organización analizada. Para el proceso de análisis, en tanto, existen diversas técnicas, procedimientos y herramientas, las que se pueden clasificar bajo tres aspectos: análisis preliminar o *triage*, análisis estático y análisis dinámico (Li et al., 2009).

1.11. *Triage*

Este tipo de análisis se basa en una técnica utilizada en medicina, la cual permite la selección y clasificación de pacientes en escenarios complejos, tales como guerras, desastres o accidentes. En un escenario digital, este tipo de análisis busca determinar ciertas acciones ante la ejecución de malware en la organización. Si el usuario está entrenado para este tipo de situaciones, podrá evidenciar rápidamente la existencia del código malicioso por medio de una evaluación ágil del sistema; por ejemplo, a través del comportamiento errático de programas, la lentitud en los procesos normales de trabajo, los problemas de conexión y la eventual aparición de carpetas y archivos, por mencionar algunos. La respuesta ante los eventos descritos deben estar definidos en la politíca organizacional, y reflejarse en algún plan que permita activar un proceso y minimizar un eventual impacto en la organización (Ministerio de Defensa Nacional, 2016).

1.12. Análisis estático

El análisis del software malicioso sin ejecutarse se denomina estático. Por lo general, este tipo de análisis se realiza mediante la disección de los diferentes recursos del archivo binario y el estudio de cada componente. El archivo binario también se puede desagregar (ingeniería inversa), utilizando un desensamblador, es decir, el lenguaje de máquina se traduce a un código ensamblador que puede ser leído y entendido por un analista de malware, quien entonces así da sentido a las instrucciones, comprende y obtiene una imagen de lo que el programa realizaría. El analista, mediante este proceso, es capaz de generar indicadores técnicos que permiten el desarrollo de firmas simples, antecedentes y características del archivo (nombre, tamaño, tipo), sumas de comprobación MD5 o hashes y reconocimiento, que ejecutan las herramientas de detección de antivirus. Por otra parte, los patrones de protección utilizados en el análisis estático incluyen la firma de la cadena, secuencia de bits, llamadas a librería sintáctica, gráfica del flujo de control y código de operación, distribución de frecuencias, entre otros (Gandotra et al., 2014)

1.13. Análisis dinámico

Se denomina de esta manera al tipo de análisis que examina el comportamiento de un código malicioso mientras está siendo ejecutado en un ambiente controlado (máquina virtual, simulador, emulador, caja de arena, entre otros) y se están registrando indicadores técnicos. Entre los indicadores se pueden mencionar nombres de dominios asociados a la conexión, direcciones IP, rutas de archivos, claves de registro, programas adicionales instalados en la red y fuera de ella. Este tipo de análisis es bastante más eficiente que el análisis estático, principalmente porque da visibilidad a la funcionalidad del malware, dependiendo de las características de este, pues en algunos casos puede estar preparado para evitar su detección en ambientes de análisis dinámico.

1.14. Infraestructura Crítica de la Información (ICI)

Un estudio de la Organización para la Cooperación y el Desarrollo Económico (OCDE), correspondiente a un análisis comparativo del desarrollo de las políticas para la protección de la infraestructura crítica y de la información en Australia, Canadá, Corea del Sur, Japón, Holanda, Inglaterra y Estados Unidos indica que la ICI es una infraestructura de información que, si no se encuentra disponible, puede ocasionar pérdidas de vidas y un grave impacto en la salud, seguridad o economía de sus ciudadanos. Para evitar esto, los países deben ser capaces de desarrollar una estrategia de seguridad después de haber jerarquizado la criticidad de los eventos (Zagreb Consultora Limitada, 2008).

1.15. Ciberdefensa

Se refiere al conjunto de sistemas, infraestructura, personas, medios de apoyo y procedimientos doctrinales, que permiten defender el ciberespacio (Centro Superior de Estudios de la Defensa Nacional, 2012). Estos son capaces de detectar, neutralizar, identificar, contener daños y eventualmente responder a los ciberataques, generando las condiciones para mantener o restablecer en el menor tiempo posible las capacidades de ciberdefensa, contempladas en el marco de una política de ciberseguridad, con el fin de asegurar la integridad, confidencialidad y disponibilidad de los datos, sistemas y redes de servicios de información (Ministerio de Defensa Nacional, 2016).

1.16. Ofuscación

Se define como una transformación de programas. Generalmente se utiliza en el malware para evadir la detección por parte de software antimalware (Li et al., 2009), mediante la aplicación de transformaciones en el código (fuente o binario), que cambia la apariencia del mismo a través de un procedimiento que permite mantener su funcionalidad (Balakrishnan et al., 2005).

1.17. Hacktivista / Hacktivismo

El neologismo hacktivista proviene de la unión de la palabra *hacker* con activismo. Por ende, las actividades de hacktivismo corresponden a las acciones políticas de resistencia y lucha por una sociedad alternativa, relacionada con la libertad de información, con las luchas por la democracia y por una sociedad abierta. Estos activistas emplean herramientas de *hacking* para protestar en internet, incitando a la desobediencia civil electrónica (DCE), cuyo propósito es ofender y bloquear.

1.18. Ciberconflicto

Se refiere a la expresión de intereses contrapuestos, entre dos o más partes, en relación a temas, intereses o valores que se manifiestan en el ciberespacio (Ministerio de Defensa Nacional, 2016).

Capítulo II

Estado del arte

2.1

El examen del ciberespacio -el cual requiere de la gestión en materias de ciberseguridad desde el más alto nivel de los Estados, con el fin de asumir los retos y amenazas a la seguridad nacional, en función de las necesidades de protección de las infraestructuras críticas y de la información del país (Centro Superior de Estudios de la Defensa Nacional, 2012)- se ha denominado "enfoque global conjunto del estado a los ataques cibernéticos" (*whole of state approach to cyber attacks*) (Department of Defense US, 2015). Dicha aproximación requiere de un SGSI basado fundamentalmente en el estándar NCH-ISO 27001:2013 (Hadnagy, 2011), de forma de alcanzar la excelencia operativa a través de la aplicación de una tecnología fiable y eficiente, que permita mantener el riesgo relacionado con la TI (tecnología de la información) en niveles aceptables (ISACA, 2012). Hoy en día, especialmente a nivel nacional, esto se ha traducido en el desarrollo de una estrategia de seguridad digital que tiene por misión la protección de los usuarios privados y públicos, junto a la protección de la privacidad de los ciudadanos (Comité Interministerial sobre Ciberseguridad, s.f.).

En razón de lo anterior, mediante el Decreto Supremo Nº 533 del 27 de abril de 2015, se creó el Comité Interministerial sobre Ciberseguridad (CICS), cuya misión esencial es proponer al presidente de la República de Chile una "Política nacional de ciberseguridad" (Comité Interministerial sobre Ciberseguridad, s.f.) en torno a seis ejes temáticos, que son la base para la definición de los objetivos estratégicos de dicha política. Estos ejes son:

- Infraestructura de la información.
- Prevención, persecución y sanción de ciberdelitos.
- Sensibilización, formación y difusión.
- Cooperación y relaciones internacionales.
- Desarrollo industrial y productivo.
- Institucionalidad de la ciberseguridad.

Actualmente, no se cuestiona la importancia de la seguridad de la información y la protección de datos para cualquier organización, ya sea una empresa o una institución dependiente o independiente de la administración pública. Sin embargo, la información constituye un recurso que, de manera repetida, aún no se valora adecuadamente por su intangibilidad; situación que generalmente no se produce con los equipos informáticos, la documentación impresa e incluso con las aplicaciones. Además, las medidas de seguridad respecto de la información aparecen muchas veces como improductivas ante los sistemas y redes informáticas en las que es procesada. Por ejemplo, los sistemas criptográficos, dado que consumen mayores recursos computacionales y requieren más ancho de banda en las conexiones, lo cual genera reticencia a dedicar tanto recurso a estos mecanismos (Comité Interministerial sobre Ciberseguridad, s.f.).

Otro aspecto importante, atendiendo a varios estudios publicados, es el dato de que más del 75% de los problemas inherentes a las vulnerabilidades informáticas se producen por fallas en los equipos o por mal empleo del usuario de la propia organización. Por este motivo, la implantación de un SGSI considera el factor humano como uno de sus elementos fundamentales, contemplando aspectos como la adecuada formación y sensibilización de los empleados, responsabilidades para los usuarios y directivos, la aprobación de un reglamento interno sobre el uso de los medios tecnológicos e internet en la organización, entre otros (Ciberseguridad, Ley de Chile, 2015).

Por otra parte, los ejércitos más avanzados del siglo XXI se apoyan en forma significativa en la tecnología de última generación y en una base doctrinaria estricta de empleo, la cual, en lugar de contar con una gran cantidad de contingente, solo necesitaría un pequeño número de soldados bien adiestrados, un número aun menor de fuerzas especiales y una cantidad reducida de expertos que sepan producir y emplear tecnología sofisticada. Es así como hoy es posible constatar que fuerzas de alta tecnología dirigidas por drones sin piloto y ciberarmas están sustituyendo a los ejércitos de masas del siglo XX y que los generales delegan cada vez más las decisiones a los algoritmos matemáticos. Por su parte, el malware ha logrado ser más pequeño en cuanto a su peso, al número de líneas de código, y obtenido mejoras en su capacidad de evasión, características que se le otorgan por medio de la ejecución de programas.

Para la argumentación teórica en el ámbito tecnológico referido al malware, hemos consultado fuentes relacionadas en su mayoría con la ciberseguridad estipuladas fundamentalmente por el Gobierno de Chile. Ello, en atención a las nuevas necesidades de desarrollar medidas de protección que han quedado en evidencia ante los exitosos ataques informáticos que han vulnerado los derechos de los ciudadanos, afectado intereses de particulares y también infraestructura de la información crítica para el funcionamiento del país.

Esto se desarrolla en la Estrategia de Seguridad Digital, mediante la Agenda Digital 2020. A lo cual se suma lo publicado por el Comité Interministerial sobre Ciberseguridad, el cual propuso a la presidenta de la República la Política Nacional de Ciberseguridad, promulgada en abril del 2017 y publicada en el Diario Oficial, en marzo de 2018. Dicho documento define los principios que orientan al país en materia de ciberseguridad, con el objetivo de contar con un ciberespacio libre, abierto y seguro. El proceso de elaboración de esta política tiene los siguientes propósitos:

- Promover la seguridad y libertad de las personas en el ciberespacio, puesto que es necesario proteger los derechos fundamentales de las personas, tales como la libertad de expresión, el acceso a la información y la protección de la vida privada, así como también el patrimonio y la libertad económica de los riesgos propios del ciberespacio y de otras amenazas externas.

- Proteger la seguridad del país. A diario aumenta la dependencia de nuestra sociedad del uso de las tecnologías, lo cual hace necesario resguardar las redes y sistemas informáticos fundamentales para el funcionamiento y el desarrollo nacional.

- Promover la colaboración y coordinación. Las materias involucradas en ciberseguridad están segmentadas de acuerdo a diversos criterios y actores, la colaboración, coordinación y sinergia de todos los organismos involucrados (públicos, privados, académicos y de la sociedad civil) son fundamentales bajo una óptica sistémica y progresiva, para promover un ciberespacio seguro donde sea posible el ejercicio de los derechos, el emprendimiento y la innovación.

- Gestionar los riesgos del ciberespacio. La debida gestión de los riegos es un objetivo exitoso para la Política Nacional de Ciberseguridad, dado que la ciberseguridad va más allá de la protección de la información (acceso, uso, revelaciones, interrupciones, modificaciones o destrucciones no permitidas). También contempla el desarrollo de un proceso de análisis y gestión de riesgos relacionados con la identificación de vulnerabilidades y amenazas en el uso, procesamiento, almacenamiento y transmisión de la información, junto a la generación de la capacidad para recuperarse en caso de ser afectado por un ciberataque.

Respecto al contexto internacional, distintos Estados han conformado unidades especialistas en materia de ciberseguridad, denominadas cibercomandos o ciberejércitos, para mitigar las distintas amenazas a la infraestructura crítica de la información, como es el caso de Rusia, India, EEUU, Irán y Alemania. Asimismo, en una mirada regional, podemos observar el desarrollo de estas ciberunidades por parte de Bolivia, Argentina y Perú.

Chile no está exento a estas amenazas. De hecho, de acuerdo al informe de la OCDE (2016) es el país con mayor impacto tecnológico de Latinoamérica (73%), pero, a su vez, uno de los más débiles en materia de ciberseguridad. Recordando, además, que el acceso a internet y el uso y dependencia de las TICs aumenta exponencialmente el fenómeno criminológico asociado al cibercrimen y a los ataques cibernéticos. Así, por ejemplo, la Red de Conectividad del Estado registró un aumento en los patrones maliciosos que la afectan, en más de cien millones de ataques entre 2014 y 2015. En 2016, esta cifra fue mucho más alta, fundamentalmente con ataques distribuidos de denegación de servicios, que buscan afectar la disponibilidad de los sistemas.

2.2. Ciberespacio

A medida que transcurre el tiempo, los países se enfrentan a un escenario cibernético cada vez más volátil, con amenazas y ataques que provienen de distintos actores que surgen en el ciberespacio y que afectan tanto a privados como a gobiernos, donde los Estados tendrán una alta responsabilidad frente a estos sucesos. Lo anterior significa que estos deberán evaluar una variedad de opciones respecto a la forma de actuar ante las incursiones hostiles, en situaciones en que la respuesta a un ataque cibernético no será necesariamente un contraataque en el ciberespacio, a pesar de que este corresponde a un medioambiente artificial e intangible (Valencia, 2017). Es debido a este escenario que se ha establecido un acuerdo internacional para combatir el crimen organizado transnacional y, específicamente, los delitos informáticos —Convenio de Budapest—, con el convencimiento de la necesidad de aplicar, con carácter prioritario, una política penal común, para proteger a la sociedad frente a la ciberdelincuencia, en particular, mediante la adopción de una legislación adecuada y el mejoramiento de la cooperación internacional. Este tipo de acuerdos da cuenta de la preocupación internacional por el riesgo, reconociendo la necesidad de cooperación entre los Estados y el sector privado en la lucha contra la ciberdelincuencia, así como la necesidad de proteger los intereses legítimos en la utilización y el desarrollo de las tecnologías de la información, para prevenir los actos que pongan en peligro la confidencialidad, la integridad y la disponibilidad de los sistemas, redes y datos informáticos (Council of Europe, 2001).

Asimismo, la masificación en el uso de las tecnologías de la información y las comunicaciones (TIC), junto con servir al desarrollo del país, conlleva riesgos que pueden afectar los derechos de las personas, la seguridad pública, las infraestructuras críticas, los intereses esenciales y la seguridad exterior. Estos riesgos pueden provenir de múltiples fuentes y se pueden manifestar mediante actividades de espionaje, sabotaje, fraudes o ciberataques realizados por otros países, por grupos organizados o por particulares (Ministerio del Interior y Seguridad Pública, 2015).

En consecuencia, la diversidad de amenazas hace que la ciberseguridad corresponda al esfuerzo de diversos actores, privados y estatales, que requieren una perspectiva holística e integradora a nivel nacional. El Estado, por cierto, cumple un rol clave estableciendo las condiciones para lograr una sinergia de los esfuerzos de dichos actores, proveyéndolos de un marco legal adecuado y asegurándoles un empleo eficaz de sus recursos (Ministerio del Interior y Seguridad Pública y Ministerio de Defensa Nacional. 2015).

Considerando el escenario descrito, se estima posible que en este ciberespacio se libre una ciberguerra, que se relaciona de manera íntima con el conflicto de los datos que Igor Panarin anuncia en su libro *La guerra de información y geopolítica* (2006), inspirado en el análisis de la historia de Rusia desde el punto de vista de la geopolítica mundial, en la cual, él concluye que el éxito de todos los proyectos geopolíticos se encuentra ligado a quien posea la información (Darczewska, 2014).

2.3. Infraestructura Crítica de la Información (ICI)

Vivimos en un mundo interconectado. Las empresas y los países emplean el ciberespacio para múltiples actividades, desde transacciones financieras hasta movimientos de fuerzas militares, por medio del empleo de redes seguras que transportan los datos para llevar a cabo sus misiones y donde los códigos informáticos se difuminan entre la delgada línea de lo físico y lo lógico (Valencia, 2017).

Hasta el año 2007, algunas naciones de la OTAN y en especial Estados Unidos, recibían ciberataques contra la ICI de sus respectivos países, sin que esto constituyera causa de intervención por parte de estos; sin embargo, ello cambió luego de que Estonia fuese atacada cibernéticamente ese año, cuando páginas web del gobierno fueron modificadas y redirigidas hacia sitios de propaganda rusa. Estos ataques comenzaron después de que autoridades de Estonia ordenaran retirar una estatua que representaba al soldado soviético (Centro Superior de Estudios de la Defensa Nacional, 2012).

En el caso chileno, es deber del Estado resguardar la seguridad nacional y dar protección a la población, enfrentando las amenazas que la pongan en riesgo. En particular, en cuanto a la ciberdefensa, al Estado le corresponde organizar el conjunto de medios materiales y humanos para oponerse a cualquier situación que afecte los intereses de las Fuerzas Armadas y eventualmente del país y de sus ciudadanos, en relación al empleo del ciberespacio (Ministerio de Defensa Nacional, 2016). Aun así, los Estados, en general, deberán ampliar sus esfuerzos para incluir fuerzas cibernéticas en la protección de las ICI, con propensión a lo colaborativo; incluido el entrenamiento en los sistemas tecnológicos para la operación de servicios que brindan bienestar a los ciudadanos (electricidad, agua, transporte, entre otros). Esto con el objeto de lograr por sobre todo la eficacia en cuanto a la responsabilidad de la misión en materias de seguridad, proporcionando un acceso a la red de manera abierta, segura, interoperable y fiable, que permita la prosperidad, la confianza pública y el libre flujo del comercio y de las ideas (Constitución política de Chile, 2015).

Por otra parte, la vulnerabilidad estratégica que suponen los ataques cibernéticos comprenden especialmente dos campos:

1 Los ataques contra sistemas que regulan infraestructuras básicas para el funcionamiento de un país -como el sabotaje a los servicios públicos, la paralización de las redes de transporte o la interrupción de la energía de una ciudad-, que suponen un quiebre a la normalidad y seguridad de una sociedad avanzada. En consecuencia, todas las infraestructuras básicas deben dotarse de elementos de protección suficiente para poder neutralizar este tipo de agresiones, cuando su funcionamiento depende de complejos sistemas informáticos y de comunicaciones.

2 La penetración en la red de comunicación, mando y control de las Fuerzas Armadas en el sistema nacional de gestión de crisis o en las bases de datos de los servicios de inteligencia, puede constituirse en una amenaza directa a la seguridad nacional. Por lo tanto, las Fuerzas Armadas deben desarrollar las capacidades necesarias para impedir cualquier agresión cibernética que amenace la seguridad nacional, considerando también que la ciberdefensa militar no es la defensa militar del ciberespacio de interés para la seguridad nacional, sino la defensa del ciberespacio de interés militar (Libicki, 2011), puesto que las amenazas a la ciberseguridad pueden ser generadas por diversos agentes de riesgo, entre ellos la naturaleza, individuos aislados, organizaciones ilícitas, grupos terroristas u otros Estados y por medio de acciones con distintos grados de impacto sobre la ICI (Ministerio de Defensa Nacional, 2016).

En este contexto, por ejemplo, en los primeros años de la administración del presidente Barack Obama, Estados Unidos desarrolló un plan para llevar a cabo un eventual ataque cibernético contra Irán para limitar su programa nuclear, en caso de que el esfuerzo diplomático fracasara. El plan, cuyo nombre en código fue Nitro Zeus, sería diseñado para desactivar las defensas aéreas, sistemas de comunicaciones y partes cruciales de la red de energía de Irán, involucró un numeroso personal militar y de inteligencia de Estados Unidos, un gasto de decenas de millones de dólares y la colocación de implantes electrónicos en redes de computadoras iraníes para preparar el campo de batalla en el ciberespacio. El objetivo principal del ataque lo constituiría la planta de enriquecimiento nuclear de Fordo, que Irán construiría en el interior de una montaña, cerca de la ciudad de Qom, expuesta en la imagen 1. El ataque habría sido una operación secreta, que el presidente norteamericano autorizaría, incluso en ausencia de un conflicto armado tradicional (Sanger, 2016).

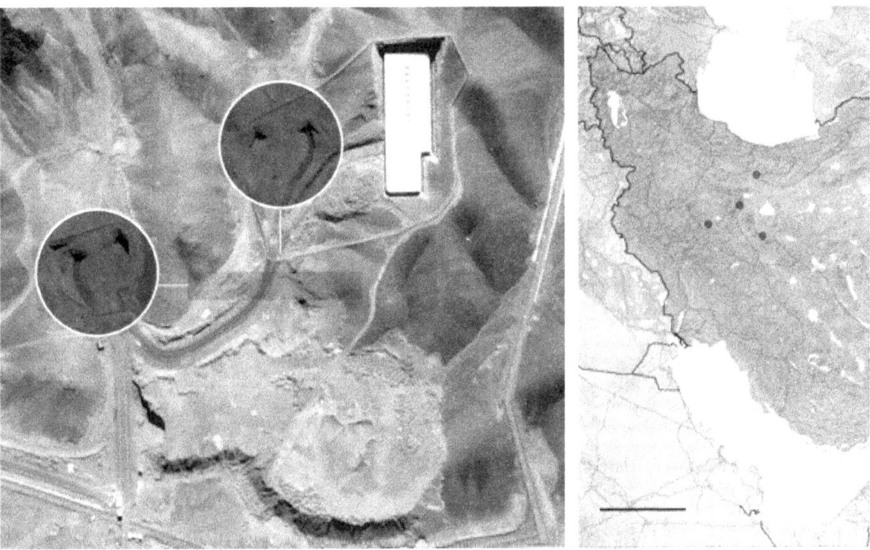

Imagen 1. Planta nuclear de Irán, emplazada supuestamente en la montaña al interior de una base islámica de la Guardia Revolucionaria (Sanger & Mazzetti, 2016).

De igual forma, es posible observar cómo las grandes corporaciones buscan proteger su infraestructura. Tal es el caso del Centro de Operaciones de Defensa Cibernética de Microsoft Corp., un búnker de alta tecnología donde los ingenieros de seguridad trabajan para frustrar ataques informáticos que son monitoreados desde distintas pantallas, tal como se observa en la imagen 2 y cuyo lema es: "proteger, detectar y responder" (Greene, 2016).

Imagen 2. Centro de Operaciones de Defensa Cibernética de Microsoft Corp. (Greene, 2016).

Por su parte, tres hackers rusos, Sergei Gordeychuk, Aleksandr Timorin y Gleb Gritsai, especialistas en software para computadores que permiten controlar y supervisar procesos industriales a distancia, denominado SCADA (Supervisión, Control y Adquisición de Datos), expusieron las vulnerabilidades de los sistemas que operan las plataformas ferroviarias, que incluyen comunicación móvil, control de frenado, sistemas de entretenimiento de pasajeros, entre otros. De este modo, pueden dirigirse distintos vectores de ataque hacia sistemas aparentemente benignos, puesto que si es posible atacar el módem, será posible desde este dispositivo afectar el sistema de control automático de trenes y, por ende, adquirir el control de la máquina (Pauli, 2016).

Otro caso interesante son los ataques al sistema de gestión de paquetes creado por el proyecto Debian, abreviado APT (Advanced Packaging Tool), tal como lo expusieron varios expertos durante la Cumbre de Analistas en Seguridad de Kaspersky, en México, en el año 2014, en la que se expresó que los hackers no están tras los datos financieros, sino que están tomando los datos que correlacionan los mecanismos internos de las ICI a través de los SCADA y sus planos, que describen el funcionamiento de los Controladores Lógicos Programables, más conocido por sus siglas en inglés como PLC. Debido a ello, el sabotaje ha cobrado relevancia, puesto que los malware pueden causar impacto físico sobre la industria e interrumpir, por ejemplo, la producción de petróleo o la distribución de energía, generando un daño importante en las economías de todo el mundo. Es así como un proveedor de gas natural de varios países del Medio Oriente experimentó problemas de presión en sus tuberías, sin embargo, los SCADA reportaban que todo estaba en orden. Una inspección técnica determinó que una sala de control había sido hackeada y se descubrió que un servicio estaba enviando datos falsos al SCADA, mientras la unidad terminal se encontraba físicamente en mal funcionamiento (Rubin & Schreuer, 2016).

Más interesante aún resulta la vulnerabilidad de las instalaciones nucleares de Bélgica, representada una de ellas en la imagen 3. La investigación sobre los ataques terroristas sufridos en Bruselas el año 2016, ha derivado en la posibilidad de que grupos subversivos estén intentando atacar, infiltrar o sabotear las instalaciones nucleares u obtener materiales nucleares o radiactivos (Rubin & Schreuer, 2016).

Imagen 3. Planta de energía nuclear en Doel, Bélgica. (Rubin & Schreuer, 2016).

De lo anterior se infiere la necesidad urgente de definir políticas que establezcan metas estratégicas priorizadas y objetivos centrados en la construcción de capacidades para efectuar operaciones de ciberseguridad que permitan defender redes, sistemas y datos, tal como se expone en la imagen 4, en contra de los ataques cibernéticos de importancia significativa y apoyar los planes operativos y de contingencias nacionales (Gandora et al., 2014). Tal como se expone en la triada que refleja la misión del Departamento de Defensa de EEUU, al declarar el ciberespacio como un dominio operativo para los propósitos de la organización, entrenamiento y equipamiento de las fuerzas militares, capaces de asegurar sus propias redes contra los ataques y de recuperarse rápidamente si las medidas de seguridad fallan (Department of Defense EEUU, 2015).

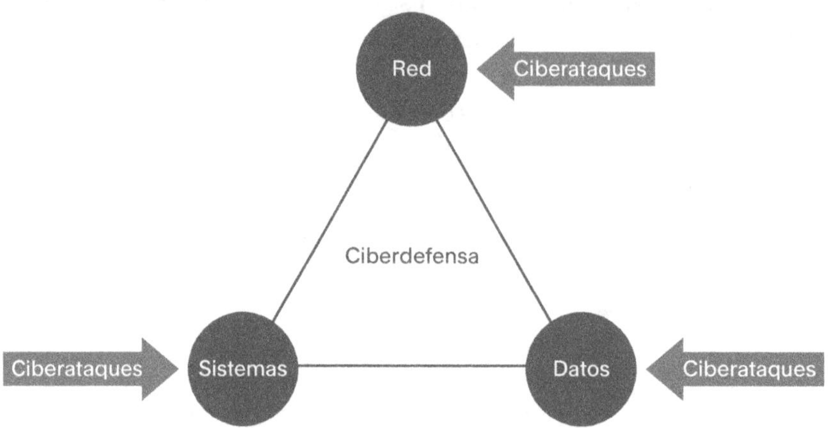

Imagen 4. Estrategia de ciberseguridad, capacidad de operaciones en el ciberespacio. (Department of Defense, 2015). Imagen de elaboración propia.

De esta forma, los Estados deben comenzar por admitir su limitado papel en la defensa cibernética. Ello porque más del 80% de los sistemas críticos de una nación están en manos de privados y su protección es solo parcialmente responsabilidad de los gobiernos. Debiendo adoptar un papel supervisor y, en especial, de formación y de concientización, los gobiernos deben asumir esto respecto a la ciberseguridad, siendo una de sus más importantes e irrenunciables responsabilidades (Centro Superior de Estudios de la Defensa Nacional, 2012).

Asimismo, la protección de la ICI corresponde a la línea de acción donde se aúnan el esfuerzo público y privado. Esta engloba las acciones destinadas a asegurar la planificación y aplicación de medidas preventivas que aseguren la resilencia de sistemas civiles del Estado y de aquellos sistemas privados críticos para las actividades productivas nacionales o vitales para la población, pretendiendo recuperarlas en un tiempo aceptable, cuando sean afectadas por catástrofes o acciones antrópicas (Ministerio de Defensa Nacional, 2016). Por ello, estas actividades deben ser coordinadas desde una unidad del Estado, con una sólida cooperación entre el sector privado y el gobierno, además de contar con mecanismos de intercambio de información, para estimular a los inversores, operadores y usuarios a tomar decisiones que aseguren su propia ICI, antes del proceso de evaluación de riesgos y análisis de amenazas (Zagreb Consultora Limitada, 2008). El aspecto más importante a considerar para definir la criticidad de una infraestructura es el eventual impacto de una interrupción o mal funcionamiento de sus componentes, condicionados esencialmente por tres factores: la cantidad de usuarios afectados, la duración de la interrupción o mal funcionamiento y la extensión geográfica afectada en caso de un siniestro, tal como se muestra en la imagen 5.

Algoritmo de la criticidad

Imagen 5. Algoritmo de cálculo para las infraestructuras críticas de la información. (Zagreb Consultora Limitada, 2008). Imagen de elaboración propia.

Otro aspecto relevante es el que se refiere a la probabilidad de que una amenaza o debilidad se materialice, de modo que provoque el impacto estimado, lo que se entiende como niveles de riesgo. Las redes más interconectadas son las que están más expuestas a ataques lógicos, ya que provocan incidentes de seguridad mayores, siendo, evidentemente, la red de internet la más expuesta a este tipo de amenazas tal como se expone en la imagen 6.

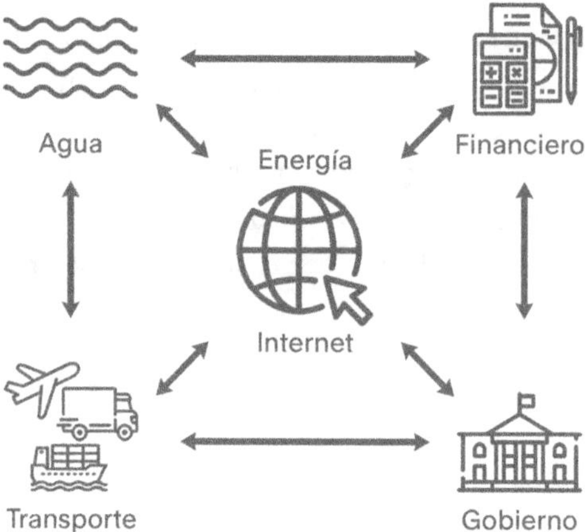

Imagen 6. Interdependencias de infraestructuras críticas de la información. (Zagreb Consultora Limitada, 2008). Imagen de elaboración propia.

2.4. Sistema de Gestión de Seguridad de la Información (SGSI)

El SGSI de una entidad se diseña considerando el conjunto de los bienes informáticos, a partir de su importancia y del papel que representa para el cumplimiento de su actividad, por lo que debe preponderar una especial atención en aquellos que son críticos en virtud de la función que realizan, los servicios que proporcionan y el riesgo al que están sometidos (Instituto Nacional de Normalización, 2013).

Un SGSI supone la conformación de una estrategia que establezca cómo tratar los aspectos de seguridad e implica también la implementación de los controles necesarios para garantizar el cumplimiento de lo establecido en esta materia, a partir de un análisis de riesgo que incluye:

- Determinar qué se trata de proteger.
- Determinar de qué es necesario protegerse.
- Determinar qué tan probables son las amenazas.
- Implementar los controles que protejan los bienes informáticos de una manera rentable.
- Revisar continuamente este proceso y perfeccionarlo cada vez que se encuentre una vulnerabilidad.

Estos aspectos a considerar proporcionan una metodología que promueve la adopción de un enfoque basado en procesos, con el fin de establecer, implementar, operar, dar seguimiento, mantener y mejorar el SGSI de una organización. Para ello, se recomienda adoptar el modelo de procesos: Planificar - Hacer - Verificar - Actuar, que se aplica para estructurar todos los procesos del SGSI en correspondencia con la ISO 27.001:2013 y que se detalla a continuación (Comité Interministerial sobre Ciberseguridad, s.f.):

- **Planificar (establecer el SGSI):** acción que permite establecer las políticas, objetivos, procesos y procedimientos de seguridad necesarios para gestionar el riesgo y mejorar la seguridad informática, con el fin de entregar resultados acordes con las políticas y objetivos globales de la organización.

- **Hacer (implementar y operar el SGSI):** tiene como objetivo fundamental garantizar una adecuada implementación de los controles seleccionados y la correcta aplicación de los mismos.

- **Verificar (revisar y dar seguimiento al SGSI):** evaluar y, donde sea aplicable, verificar el desempeño de los procesos contra la política, los objetivos de seguridad, la experiencia práctica y reportar los resultados a la dirección para su revisión.

- **Actuar (mantener y mejorar el SGSI):** emprender acciones correctivas y preventivas basadas en los resultados de la verificación y la revisión por la dirección, para lograr la mejora continua del SGSI.

Los problemas más visibles y graves que enfrenta internet hoy y que, por ende, impactan en la labor de un SGSI, son producto de un vasto ecosistema de software y hardware que trae consigo ataques de denegación de servicio, empleo de botnets o infección de gusanos, que dependen de algún tipo de programa malicioso o malware, los que se han convertido en componentes cada vez más difíciles e importantes de abordar, considerando, además, la complejidad que reviste el malware moderno (Bailey et al., 2007); su presencia se ha vuelto de tal modo universal y amenazante, que ha sido incorporado en los dominios y estándares de seguridad referidos a la protección contra códigos y ejecutables maliciosos (Instituto Nacional de Normalizacien, 2013).

Actualmente, el uso de las TI se ha convertido en algo similar a los servicios públicos para todo tipo de organización (Pink Elephant, 2013). De esta forma, se hace prioritaria la necesidad de crear y poner en marcha, políticas y procedimientos en materias de seguridad de la información. Dichas políticas requieren la implantación de varias prácticas relacionadas con la seguridad; sin embargo, si la cultura y la ética de la organización y del personal no son apropiadas, los procesos y procedimientos de seguridad de la información no serán efectivos (ISACA, 2012).

2.5. Malware

La tecnología se vuelve cada día más esencial en nuestras vidas, generándonos una dependencia a los dispositivos como PC, teléfonos inteligentes y tabletas, que empleamos para comunicarnos, trabajar y almacenar información que no podemos perder (Szor, 2005). Sin embargo, el aumento del uso de estos dispositivos también significa que la cantidad de datos sensibles en la red, tanto de usuarios como de empresas, crece significativamente, y los malware también son aquí un grave problema, a pesar de los muchos intentos para detectarlos y evitarlos (Garetto et al., 2003). Aunque inicialmente el uso del malware estaba asociado estrictamente a la investigación y protección de la propiedad intelectual para los desarrolladores de software (vía uso de criptografía), con el tiempo su objetivo derivó en la obtención de reconocimiento por parte de sus creadores y, actualmente, se ha empleado para la obtención de fines lucrativos (You & Kim, 2010).

Los antecedentes relacionados con el malware se remontan a las primeras teorías expuestas por John von Neumann (1903 - 1957), matemático húngaro, quien en sus conferencias exponía la teoría de que las máquinas podían autorreproducirse, basado en que si estas tenían sistemas moleculares similares al de los seres vivos, podrían también multiplicarse. Así, en el año 1949 encontramos que ya existía el concepto de malware, el cual aparece en su investigación *Teoría y organización de sistemas complejos (Theory and Organization of Complicated Automata)*. En este Von Neumann manifiesta la posibilidad de que programas replicantes podrían tomar el control de otros de similar estructura (Von Neumann, 1966). Si bien el concepto tiene miles de aplicaciones en la ciencia, es fácil definirlo como la ejecución de virus informático, considerando, además, que para la época virus y malware eran dos conceptos equivalentes.

Otro hito importante lo marcan tres jóvenes: Victor Vyssotsky, Robert Morris y Douglas McIlroy, quienes a inicios de la década de los 60, en los Bell Laboratories, crearon una sencilla aplicación que competía con el resto de los programas que se ejecutaban en un computador, con el fin de obtener el control absoluto de la memoria del equipo. Así entonces, *Core War* se convirtió en el primer programa capaz de lograr autorreplicarse, ocasionando trastornos en la ejecución de otras aplicaciones. Es por ello que suele ser considerado como uno de los precursores de los virus informáticos en la historia de la computación. Dados los trastornos que era capaz de producir en los sistemas, *Core War* se mantuvo en reserva, siendo utilizado solo por intelectuales. Eso hasta el año 1983, cuando Ken Thompson (Unix y lenguaje B) invitara a la comunidad a experimentar con este tipo de programas (Informática Hoy, 2012).

Pero fue en 1971, cuando Robert Thomas creó el que es considerado como el primer código malicioso propiamente tal: *Creeper*, el cual era capaz de infectar máquinas IBM 360 de la red ARPANET (la precedente de internet) y emitía un mensaje en pantalla que decía: "Soy una enredadera (*creeper*), atrápame si puedes". Para eliminarlo, se creó otro código, llamado *Reaper* (segadora), que estaba programado para buscarlo y eliminarlo (Filiol, 2005). Este sería el origen de los actuales antivirus.

Así, los malware comenzaron a ser una amenaza para la seguridad en el ciberespacio. De acuerdo con una encuesta realizada por FireEye, en junio de 2013, el 47% de las organizaciones se vieron afectadas por incidentes de seguridad de malware durante el periodo de un año (Mathur & Hiranwal, 2013). Estos provendrían, de acuerdo con las estadísticas, entre un 70% y 80% de sitios web populares, cuyos usuarios no perciben el peligro potencial que revisten, así como los efectos secundarios que ocasionan en las máquinas que infectan. De ahí la gravedad de deshabilitar detectores de malware o escáneres de antivirus que se instalan con fines de seguridad (Mathur & Hiranwal, 2013). Considerando, además, que estos crecen continuamente en volumen (crecientes campos de acción), variedad (métodos innovadores maliciosos) y velocidad (fluidez de amenazas) (FireEye, 2013), según se expone en la imagen 7.

Imagen 7. Características de los malware. (FireEye, 2013). Imagen de elaboración propia.

Otro aspecto a considerar tiene relación con el Estado, grupos no estatales o actores individuales, que pueden adquirir malware destructivo y otras capacidades en el mercado informal. Los actores estatales y no estatales también contratan a expertos para buscar vulnerabilidades y desarrollar código (malicioso). Dicha práctica ha generado un comercio peligroso y descontrolado que sirve para múltiples actores dentro del sistema internacional (Department of Defense EEUU, 2015).

De igual manera, los malware buscan afectar principalmente la ICI que es la preocupación tanto de atacantes como de defensores. Cabe destacar que un virus exitoso dejará indefensa esta ICI, por lo tanto, desde la perspectiva de ambos actores (defensores y atacantes), surge la necesidad de establecer una estructura que permita clasificar los malware a partir de su ofuscación. La literatura nos ofrece una visión general de las diferentes clasificaciones; estas no son mutuamente excluyentes, puesto que los malware pueden tener características simultáneas de varias clasificaciones. Por otra parte, diferentes autores tienen distintas formas de clasificarlos, aunque todos concuerdan en que son agrupaciones generales, que en algunos casos representan visiones comunes, dado que las clases parecen superponerse y a menudo presentan aspectos estrechamente relacionados (Szor, 2005).

Aunque resulta complejo establecer una taxonomía completa, donde cada categoría que la componga permita clasificar el malware de manera excluyente dada una especie en particular, es posible establecer una primera organización. Esta debe ser entendida como una categorización genérica en la que un código malicioso dado puede pertenecer a más de una clase simultáneamente. Tal como lo muestra la imagen 8, que considera tres categorías macro de malware que son: propagación, oculto y lucrativo.

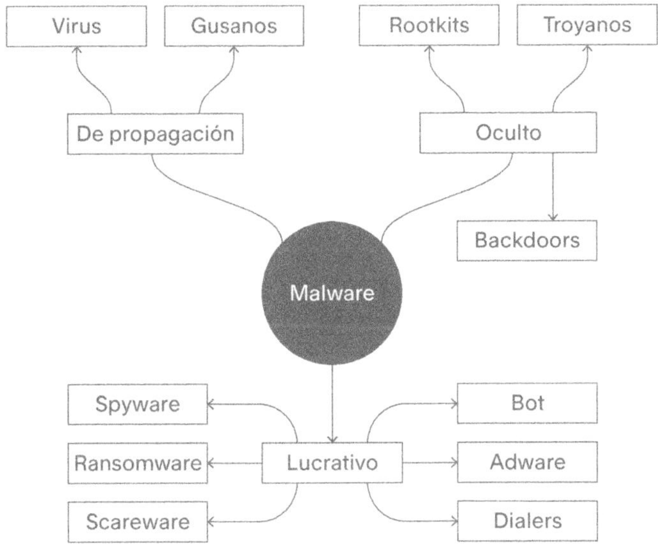

Imagen 8. Categorización genérica de malware. (Castillo, S., 2012).

Otra clasificación considera al malware como un código o porción de instrucciones insertadas en un documento o programa, que tiene como objetivo dañar equipos o apoderarse de ellos, clasificándolos entre los que necesitan un programa anfitrión (el código está embebido en el anfitrión) y los independientes, que son programas puros y pueden ejecutarse en cualquier momento en un sistema operativo (Erquiaga, 2011).

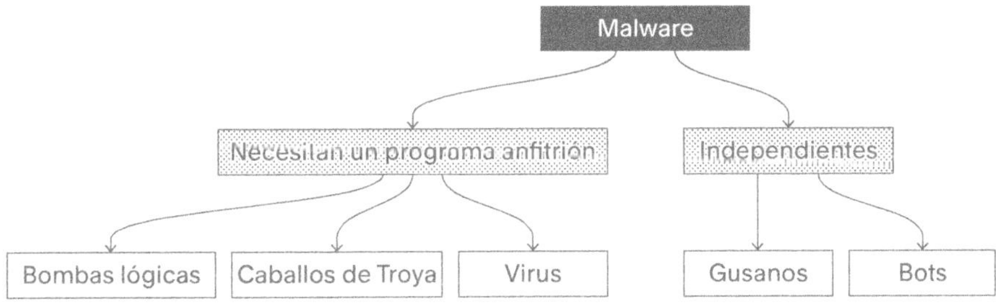

Imagen 9. Clasificación de malware de acuerdo con su uso de anfitrión. (Erquiaga, M., 2011).

En otras investigaciones, como *Survey on Malware Detection Methods,* de Vinod y Laxmi, se expone una clasificación en la cual si bien se consideran las técnicas de ofuscación, se mencionan solamente desde la perspectiva de los tipos metamórficos y polimórficos (Erquiaga, 2011). En cambio, en la investigación *A Survey on Automated Dynamic Malware Analysis Techniques and Tools,* de Egele, se presenta una clasificación que muestra el malware desde una perspectiva dinámica o estática, sin reconocer técnicas de ofuscación (Vinod et al., 2009). Asimismo, en *Introducing Stealth Malware Taxonomy,* de Rutkowska, se expone una clasificación del malware de acuerdo a la forma cómo interactúa con el sistema operativo, considerando el tipo 0 que no lo afecta, luego el tipo II que sí lo afecta y finalmente el tipo III, que actúa en un primer momento como 0, pero que sí logra efectuar daño. Aunque no establece una determinación estructurada de los malware al término de la investigación (Egele et al., 2008).

De lo puntos anteriormente expuestos, se puede evidenciar que las investigaciones dan a conocer distintas perspectivas para la clasificación del malware, pero carecen de una visión que considere la ofuscación. Por lo tanto, resulta de vital importancia contar con una clasificación basada en la ofuscación, que incorpore un modelo conceptual, y que posteriormente sea posible automatizar el procedimiento de actualización de un malware considerado obsoleto y quedar en condiciones de ser empleado de manera maliciosa en el ciberespacio.

2.6. Ofuscación

Para visualizar las capacidades potenciales que poseen los malware para evadir distintos sistemas, podremos observar que surge una problemática relacionada con la adaptación del mismo, en concordancia con los sistemas de detección empleados por los antivirus (Zico Kolter y Maloof, 2006). Dada la pérdida de vigencia (caducidad), es necesario recurrir a lo que denominamos "actualización", la cual afecta al malware en cualquiera de sus estados y que para alcanzar un estado actualizado deberá obedecer a un método, técnica, procedimiento y a una herramienta que le permita lograr la ofuscación. Existen distintas soluciones disponibles para detectar malware, por ejemplo, antivirus, sistema de detección de intrusiones y cortafuegos, entre otros. Estas soluciones de detección emplean tradicionalmente métodos estáticos y en algunos casos puntuales, métodos dinámicos para detectar su presencia. Sin embargo, estos métodos también son eludibles, dado el empleo de técnicas de ofuscación utilizadas por desarrolladores de códigos maliciosos fundamentalmente (Mathur & Hiranwal, 2013).

En consecuencia, se ha generado un verdadero desafío para los proveedores de antivirus, quienes se enfrentan a diversos tipos de malware, cada día más complejos, debiendo ser capaces incluso de discriminar entre aquellos que representan una nueva amenaza y los que son solo variantes de muestras ya identificadas (Egele et al., 2008), por ejemplo, la relación generada por un crypter, al acoplar un stub al malware. Lo que será expuestos en los capítulos posteriores.

Malware

Capítulo III

Modelo conceptual de clasificación y actualización de malware basada en ofuscación

De los antecedentes expuestos en los capítulos anteriores, es posible evidenciar que las investigaciones permiten conocer distintas visiones para clasificar los malware, pero carecen de propuestas de un modelo conceptual basado en la ofuscación y que, además, considere a posteriori la automatización del procedimiento manual de ofuscación del malware.

3.1. Clasificación del malware basada en ofuscación

Para realizar la clasificación del malware basada en ofuscación, se empleará una herramienta para la modificación del código compilado denominada crypter.

3.2.1. Especie

La clasificación de los malware de acuerdo con su capacidad de ofuscación es el primer paso para establecer un procedimiento de evasión aplicado a programas maliciosos, que emplean estas técnicas para su actualización. Para ello, se desarrolló una pirámide invertida, la cual organiza la información desde la menos a la más relevante, estableciéndose que lo primero que se posiciona es la especie (unidad básica), es decir, el código malicioso que denominamos malware, también conocido como Unidad Atómica, cuyo código efectúa acciones maliciosas mediante la inserción o eliminación de instancias que transforman su huella digital de comportamiento en otra para lograr la evasión de los sistemas de seguridad.

3.2.2. Clase

Estudiar los malware como unidades básicas revela que algunos autores incluyen dentro de esta denominación a virus, troyanos y gusanos, como es el caso de la investigación dirigida por Islam, R. (Bailey et al., 2007). Asimismo, Gandotra, E. y Mathur, K. exponen como malware a virus, gusanos, troyanos, backdoor, botnet, spyware, adware. Del mismo modo, Milošević, N. relaciona el malware con ransomware, rootkits, keyloggers, dialers, spyware, adware y otros programas maliciosos, agrupándolos finalmente en gusanos, troyanos y virus.

Pero, en definitiva, al momento de observar las características genéricas del comportamiento que describen los malware, es posible identificar la autorreplicación, la infección de otros programas, el control sobre otros dispositivos y el empleo de técnicas de ingeniería social para engañar a los usuarios. De allí, se elabora un segundo segmento de la pirámide propuesta, estableciéndose como "clase", entendiéndola como un grupo de elementos de un conjunto con características comunes, en donde, se identifican 1) virus, 2) gusanos, 3) botnet y 4) caballos de troya (Hernández-Ardieta, 2011), que engloban las características propuestas. Esto se observa en la tabla 1.

Tabla 1. Resumen de clase. Tabla de elaboración propia.

Clase	Autorreplicación	Infecta a otros Programas	Control de otros Computadores	Ingeniería Social
Virus	×	×		
Gusanos	×			
Botnet			×	
Troyanos			×	×

De acuerdo con lo señalado anteriormente, se describen cada una de las clases propuestas como se detallan a continuación:

Virus: Según el doctor Fred Cohen, un virus es todo programa capaz de infectar a otros programas. El concepto de infección consiste en agregar código malicioso al interior de un archivo que será ejecutado por el usuario víctima, convirtiéndose este en un nuevo agente portador del virus informático. Por otra parte, poseen dos características particulares: pretender actuar de forma transparente al usuario y tener la capacidad de reproducirse a sí mismo (Cohen, 1984). Por lo general, es asistido por técnicas de ingeniería social. El daño que un virus puede causar también es extremadamente variable: desde un simple mensaje en pantalla para importunar al usuario, la eliminación de archivos del sistema, hasta inhabilitar completamente el acceso al sistema operativo, podrían ser algunas de las acciones identificadas (Hernández-Ardieta et al., 2014).

Gusanos: Son programas que realizan copias de sí mismos, alojándolas en diferentes ubicaciones del computador. El objetivo de este malware suele ser colapsar los computadores y las redes informáticas, impidiendo así el trabajo a los usuarios. A diferencia de los virus, los gusanos no infectan archivos. El principal objetivo de los gusanos es propagarse y afectar al mayor número de computadores con o sin interacción del usuario (Szor, 2005).

El primer gusano fue creado accidentalmente a finales de 1980 por Robert Tappan Morris, que en ese momento era estudiante del MIT. Su proyecto consistía en contar la cantidad de computadores conectados a internet y por ello desarrolló un programa que permitía conectarse de un computador a otro. Pero Morris cometió un error, el gusano volvía a contar y, por ende, a conectarse al dispositivo ya contabilizado, lo que generó un tráfico de consideraciones en la red, casi colapsando la trama de internet de ese momento, cuando no se pensaba en medidas de mitigación ante problemas en las redes ni menos en aspectos de seguridad informática (Gandotra et al., 2014).

Botnet: Es una red de computadores que están comprometidos y controlados por un atacante. Las botnet se han identificado recientemente como una de las amenazas más importantes para la seguridad de internet. Tradicionalmente, las botnet se organizan de forma jerárquica, compuestas por un comando central y un lugar de control. Esta ubicación puede ser estáticamente definida en el bot o puede ser definida de forma dinámica en un servidor de directorio (Szor, 2005).

Caballos de Troya: El término troyano proviene de la leyenda del Caballo de Troya, ya que su objetivo inicial es el de engañar a los usuarios, para luego ser ejecutado al simular ser un archivo legítimo o aparentemente útil, que permite al atacante conectarse remotamente al equipo infectado. A diferencia de los gusanos y virus, no tienen la capacidad de reproducirse por sí mismos (Hernández-Ardieta et al., 2014).

3.2.3. Tipo

El paso siguiente en la evolución del código malicioso se define por el tercer segmento de esta pirámide, donde los tipos de malware se clasifican de acuerdo a las características de ocultamiento, las cuales les proporcionan la incorporación de motores de mutación para la modificación de su código. El creador de esta idea fue un pirata informático búlgaro que se hacía llamar Vengador Oscuro (Milošević, s.f.). Estas propiedades de mutación describen comportamientos similares que son posibles de agrupar, dadas las técnicas de ocultamiento empleadas para perpetuar sus ataques (Bailey et al., 2007). Dentro de esta clasificación podemos destacar las siguientes investigaciones:

Mathur, K. y Hiranwal S. (2013) señalan cómo un malware tiene la capacidad de estar programado para tener un aspecto diferente, simplemente cambiando el orden de sus instrucciones, pero manteniendo su código original intacto. Estos se conocen como polimórficos, los cuales se componen de un código malicioso cifrado junto con el módulo de descifrado, que comúnmente utiliza un generador para mutar el algoritmo. Por lo tanto, el cuerpo no puede ser escaneado por los antivirus al encontrarse encriptado y el motor de mutación es capaz de generar muchas rutinas diferentes de descifrado.

Vinod, P. et al., (2009) mencionan los malware metamórficos como una especie donde el cuerpo del malware cambia de una instancia a otra, empleando diferentes técnicas de ofuscación para reprogramarse y transformarse en un nuevo código que es similar al original. La naturaleza metamórfica del malware permite al código malicioso mutar mientras se propaga por la red, haciendo que la detección basada en firmas sea completamente ineficaz.

Gandotra, E. et al., (2014) exponen que los malware diseñados por atacantes son polimórficos y metamórficos, puesto que tienen la capacidad de cambiar su código a medida que se propagan. Por otra parte, la diversidad y cantidad de mutaciones socavan gravemente la eficacia de las defensas tradicionales, al emplear generalmente técnicas basadas en firma, que son incapaces de detectar los ejecutables maliciosos; sin embargo, los patrones de comportamiento obtenidos, ya sea estática o dinámicamente, pueden ser analizados para ser detectados y clasificados.

You, I. y Yim K. (2010) hacen referencia a los malware cifrados, oligomórficos, polimórficos y metamórficos como aquellos capaces de evitar la detección por parte de los escáneres de antivirus, planteándose como una variable importante a considerar dentro de las capacidades del código malicioso y su evolución tecnológica.

Para el caso particular de la presente investigación, se consideran dentro de los tipos de malware conforme a su capacidad de ocultamiento en: 1) Encriptado, 2) Oligomórfico, 3) Poligomórfico y 4) Metamórfico (Carr, 2010). Destacándose de ellos lo siguiente:

Encriptado: Básicamente permite al malware cambiar de apariencia, el cual está formado por dos secciones básicas: a) un algoritmo de descifrado (stub) y b) el cuerpo principal (código malicioso cifrado). Además, entre ambos se presenta una llave que cambia aleatoriamente, siendo la encargada de activar el algoritmo criptográfico; sin embargo, la rutina de cifrado se mantiene, por lo cual, los antivirus pueden detectarlo mediante el análisis al stub (Barría et al., 2016), tal como se expone en la imagen 10.

Imagen 10. Estructura encriptada de un malware. Imagen de elaboración propia.

Oligomórfico: Se compone de dos secciones básicas: a) un conjunto diferente de desencriptadores (stub) que va eligiendo de manera aleatoria para mutar en cada instancia de ejecución y b) el cuerpo principal (código malicioso cifrado), al igual que el tipo encriptado, tambien presenta una llave que cambia aleatoriamente, la cual activa el algoritmo criptográfico. Para los antivirus, no implica mayores problemas su detección, porque solo deben analizar una cantidad finita de posibles stub (Hernández-Ardieta et al., 2014), lo que se presenta en la imagen 11.

Imagen 11. Estructura oligomórfica de un malware. Imagen de elaboración propia.

Polimórfico: En la imagen 12 se expone este tipo de malware, que incorpora otras técnicas de ofuscación (reemplazo de la instrucción, con inserción de basura o código muerto), además de la clásica encriptación. Está compuesto de tres partes: a) un bucle de descifrado (stub), b) motor de mutación, que puede generar de manera infinita una nueva variante de stub por cada instancia de ejecución, la que se une con el cuerpo de malware cifrado, para la construcción de un nuevo código malicioso y c) cuerpo del malware (código malicioso cifrado). Además, entre las partes a) y c) se presenta una llave que cambia aleatoriamente, que activa el algoritmo criptográfico. Para los antivirus, su detección implica mayores problemas, porque millones de desencriptadores pueden ser generados por el cambio de instrucciones de la siguiente variante del malware, para evitar la detección basada en firmas (Centro Superior de Estudios de la Defensa Nacional, 2012).

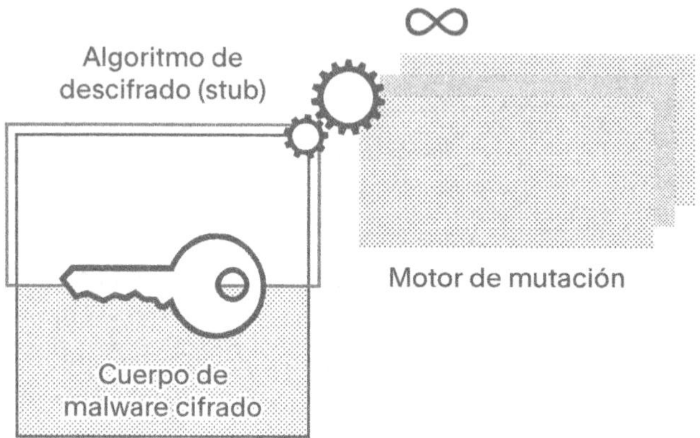

Imagen 12. Estructura polimórfica de un malware. Imagen de elaboración propia.

Metamórfico: A diferencia de los tres tipos anteriormente expuestos, este malware no cuenta con una parte cifrada, por lo tanto, no requiere de descifrador (stub) ni de una llave encargada de activar el algoritmo criptográfico. Está compuesto de dos partes a) cuerpo del malware (código malicioso cifrado) y b) motor de mutación, el cual modifica todo el cuerpo del malware, tal como se presenta en la imagen 13. Es casi imposible de detectar por técnicas basadas en firmas, por lo que se recomienda emplear técnicas de detección basadas en comportamiento (Barría et al., 2016).

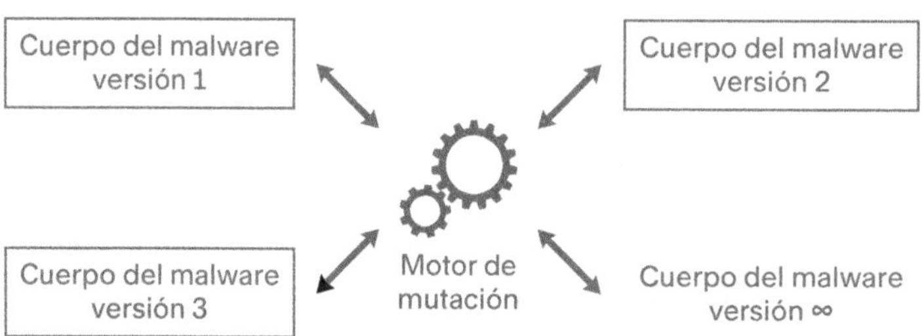

Imagen 13. Estructura metamórfica de un malware. Imagen de elaboración propia.

A continuación se presenta un resumen en la tabla 2, con las características de los tipos de malware.

Tabla 2. Resumen de los tipos de un malware.

Tipo	Stub	Código malicioso cifrado	Llave	Motor de mutación
Encriptado	×	×	×	
Oligomórfico	×	×	×	
Poligomórfico	×	×		×
Metamórfico		×		×

3.2.4. Generación

De acuerdo con Mathur, K. y Hiranwal S. (2013), en función de su carga útil (*payload*), el malware se clasifica en tres generaciones conforme con la vulnerabilidad y la propagación del mismo. Los de primera generación llevan propiedades de los virus o gusanos, que se replican o propagan empleando técnicas de ingeniería social, a través de correos electrónicos, mensajes de texto, entre otros. Los de segunda generación son de naturaleza híbrida, con algunas características de virus y troyanos, que no necesitan intervención humana para la replicación. En cuanto a la tercera generación, son aquellos malware que emplean múltiples vectores de ataque, fundamentalmente a vulnerabilidades tecnológicas de los productos.

Al respecto se exponen dos generaciones en función de la capacidad de evasión del malware ante los distintos motores de antivirus. La primera generación corresponde a todos aquellos malware cuya estructura no ha sido modificada (obsolescencia/desuso) y la segunda generación, la cual se enmarca en los que han incorporado técnicas de ofuscación en sus códigos, tales como: encriptados, oligomórficos, polimórficos y metamórficos (Carr, 2010).

De esta forma, y tal como se muestra en la imagen 14, se pudo establecer una estructura que permite clasificar los malware (especie) conforme a su clase, tipo y generación basada en ofuscación. Permitiendo con ello, conocer parte de la información esencial acerca de sus capacidades de evasión.

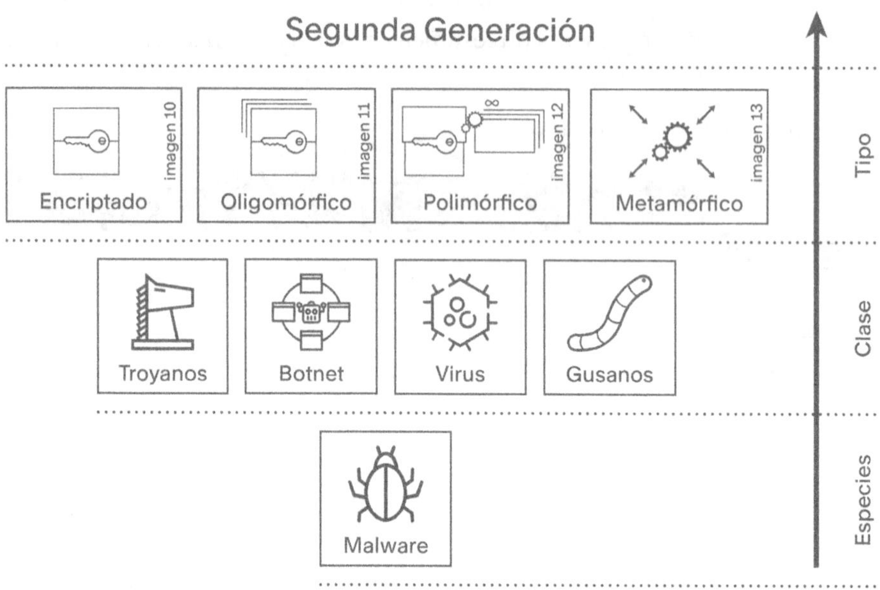

Imagen 14. Propuesta de un modelo conceptual de clasificación de un malware basada en ofuscación, para segunda generación. Imagen de elaboración propia.

3.3. Actualización de malware, empleando técnicas de ofuscación

3.3.1. Técnicas de detección de malware

Un sistema que intenta identificar malware emplea dos técnicas fundamentales: a) técnica basada en firma (parámetros de comportamiento del código dado) o b) técnica basada en comportamiento o parámetros heurísticos (código ejecutable bajo inspección). De esta forma, el mecanismo concluye si el código es benigno o malicioso (Vinod et al., 2009). En consecuencia, cada una de las técnicas mencionadas se pueden aplicar usando adicionalmente análisis estático, análisis dinámico o análisis híbrido (Ammar et al., 2012).

El análisis estático es el proceso de análisis de código ejecutable sin tener que ejecutar el archivo. En este se extrae la información de bajo nivel del código, al ser descompilado, permitiendo con ello revelar su estructura y así examinar varias partes de su cuerpo que no son ejecutadas (Siddiqui, 2008). Por otro lado, el análisis dinámico consiste en ejecutar el malware y seguir los cambios de su comportamiento en diferentes condiciones de activación, interacción con el sistema y los efectos en la máquina host. En este caso, los archivos son analizados en un entorno simulado (Cohen, 1984). De estos análisis, es posible establecer patrones comparativos a los que hace referencia Gil Tahan (2012) en su investigación (Gil et al., 2012), lo que se presenta en la tabla 3.

Tabla 3.
Análisis estático v/s análisis dinámico (Gil Tahan, Lior Rokach y Yuval Shahar, 2012).

Análisis Estático	Análisis Dinámico
Requiere menor tiempo, pero presenta falencias de análisis a nivel de memoria.	Requiere mayor tiempo de análisis, pero se presentan falsos positivos.
Dificultad ante el análisis de malware desconocido.	Favorece la detección de malware desconocido.
Facilita el análisis de trayectoria de malware.	Dificulta el análisis la trayectoria del malware.

El análisis híbrido incluye el enfoque combinatorio de ambos análisis, dinámico y estático. En primer lugar, el análisis se centra en la especificación de la firma de cualquier código y luego observa los parámetros de comportamiento para establecer un análisis completo. De esta forma, supera las limitaciones de los análisis estático y dinámico, pero demanda mayores recursos (Mathur & Hiranwal, 2013).

Finalmente, el desarrollo expuesto se centra en la técnica basada en firma, es decir, el análisis estático empleado como medida de protección por las distintas casas de antivirus.

3.3.2. Técnicas de evasión de los sistemas de protección

Los malware se han popularizado por su capacidad para infiltrarse, dañar computadores y sistemas sin el consentimiento de su propietario, al lograr evadir las distintas técnicas de detección que emplean la variada gama de motores de antivirus en sus respectivas versiones y proveedores. Para ello deben mantenerse actualizados, lo que realizan por medio de un acto deliberado al ejecutarse una modificación en su código que no altera su funcionalidad en cualquiera de sus estados, lo que se denomina: "ofuscación". De igual manera, el código requerirá posteriormente de un "embalaje" (*packing*), que se refiere a comprimirlo en un ejecutable para que no pueda ser analizado. Esto le permite mantenerse oculto hasta el desembalaje o cuando sea descifrado para ejecutarse. En consecuencia, sería necesario desempaquetarlo para revelar la semántica general del código (Getu, 2010).

Por lo anterior, resulta necesario entender los aspectos del comportamiento de un malware, lo que solo es posible mediante la ejecución en su estado binario. Dicho comportamiento permitirá detectar e identificar si el código es realmente benigno o maligno. Sin embargo, la robustez en la detección dependerá de la eficiencia en la capacidad para analizar el malware ofuscado, dado que la ofuscación del código cambia la sintaxis, pero no su comportamiento previamente determinado (Preda, 2007).

Cuando nos referimos a los estados posibles en que podemos encontrar un malware observado como especie, nos encontramos con: a) el "código fuente", compuesto por el conjunto de líneas de texto escritas por un programador en algún lenguaje de programación. Pero este estado no puede ser ejecutado directamente en un computador y b) el código "binario", que es cuando ha sido traducido en lenguaje máquina, pudiendo ser interpretado por el computador y, de esta forma, ejecutado. Para realizar esta traduccción se emplean compiladores, ensambladores, entre otros (Egele et al., 2008). Tal como se observa en la imagen 15.

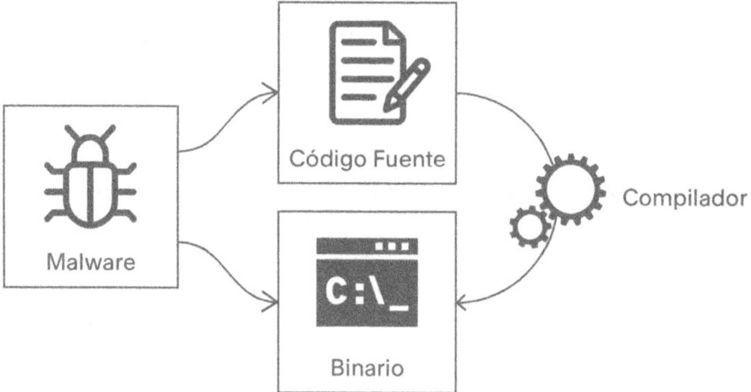

Imagen 15: Estados de un malware. Imagen de elaboración propia.

3.3.2.1. Actualización

La actualización que requieren los malware de segunda generación plantea dos perspectivas: a) "manual": entendiéndose esta como la intervención que debe realizar un usuario sobre el malware y que es aplicable a los tipos encriptado, oligomórfico y automatizado: que se refiere a aquellos que son capaces de efectuar los procedimientos de ofuscación de forma automatizada, sin requerir de la operación de un usuario. En este caso nos encontramos con los polimórficos y metamórficos. Tal como se aprecia en la tabla 4.

Tabla 4. Actualización del procedimiento de ofuscación de un malware. Tabla de elaboración propia.

	ACTUALIZACIÓN	
TIPO MALWARE	Manual	Automatizado
Encriptado	×	
Oligomórficos	×	
Polimórficos		×
Metamórficos		×

3.3.2.2. Método

Los cambios que realizan la ofuscación sobre los estados del malware sin alterar su funcionalidad requieren, como método, orden y sistematicidad para lograr el resultado esperado (You & Kim, 2010).

En la tabla 5 se puede observar que existen varios métodos de ofuscación recopilados desde las distintas publicaciones científicas consultadas, entre los que destacan:

Tabla 5. Métodos de ofuscación de un malware. Tabla de elaboración propia.

Método	Descripción
Ofuscación en transformaciones de control	Cuenta con la capacidad de recuperación de predicados opacos y variables (You & Kim, 2010).
Encriptación	Se basa en el empleo de una herramienta de encriptación de archivos (crypter), de tal forma de volverlos ilegibles; en caso de ser malware, lo que se busca es la evasión de los antivirus (You & Kim, 2010).
Abstracción del procedimiento de ofuscación	Busca lograr la ofuscación de abstracciones de procedimientos de un programa, rompiendo aquellas definidas por el usuario o introduciendo nuevas abstracciones falsas. Por lo tanto, se destruye la estructura original del código (Ilsun & Kangbin, 2010).
Incorporar ofuscación en los tipos de datos	Este método de ofuscación afecta a los datos de la aplicación de origen, lo cual es complejo de efectuar, puesto que, corresponde a una parte integrante de los lenguajes de programación (Peaget, 2011).

3.3.2.3. Técnicas

Las técnicas de ofuscación obedecen a un procedimiento o conjunto de reglas que requerirán de destrezas manuales, intelectuales o protocolos automatizados, que empleando herramientas especializadas tienen como objetivo obtener un resultado determinado.

De las distintas fuentes bibliográficas consultadas, se logró establecer que existen diversas técnicas, las que se presentan en la tabla 6:

Tabla 6. Técnicas de ofuscación de un malware. Tabla de elaboración propia.

Técnicas	Descripción
Código muerto de inserción (No-ops)	Es la inserción de un código para modificar la secuencia binaria del programa, sin ningún efecto en la funcionalidad del código y su comportamiento, pero sí contribuye en la evasión del scanner de antivirus basados en firma, al modificar la estructura del stub.
Código de transposición	Reordena la secuencia de un código original, sin tener ningún impacto en su funcionalidad.
Subrutina de reordenamiento	Ofusca un código original cambiando el orden de sus subrutinas de forma aleatoria. Esta técnica puede generar diferentes variantes, dependiendo de la cantidad de subrutinas escritas en el malware.
Instrucción de sustitución	Se implementa utilizando una biblioteca de instrucciones equivalentes; sustituye a una instrucción en el cuerpo del código por una que sea equivalente. Lo anterior puede modificar la firma del código, siendo difícil de detectar.
Código de integración	Se refiere a técnicas sofisticadas empleadas para generar nuevas estructuras en el cuerpo del malware por cada iteración.
Cifrado/ Descifrado	Corresponde a una de las primeras técnicas sistematizadas para ocultar información. Se compone de: a) un cuerpo cifrado y b) un código descifrador.

3.3.2.4. Procedimientos

Los procedimientos son considerados como un conjunto de instrucciones y tareas que permiten llevar a cabo una técnica. Requeriremos para su aplicación del empleo de un "editor hexadecimal", que es un programa informático específico, que permite al usuario visualizar la posición específica (*offset*) del contenido intacto y exacto de un archivo, además de la modificación en sus binarios (Murad et al., 2010); tal como se visualiza en la imagen 16.

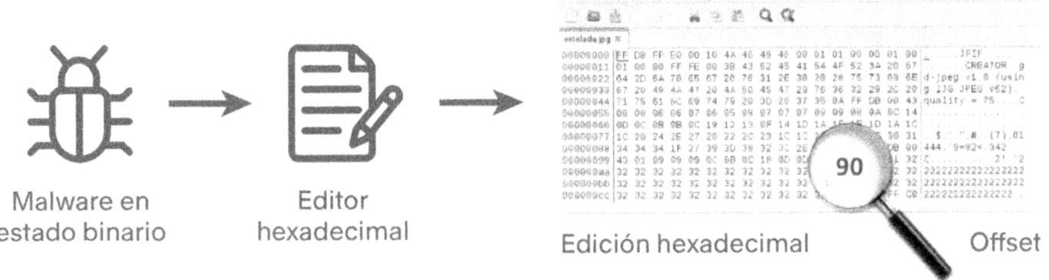

Imagen 16. Visualización hexadecimal de un malware. Imagen de elaboración propia.

Para evadir la firma en los escáneres de antivirus es preciso cambiar el valor hexadecimal de un offset en particular, sin que se altere la funcionalidad del malware. Para ello, se requiere de la aplicación de procedimientos específicos, que en el ámbito informático se denomina modding, siendo los modders aquellos especialistas en efectuar este tipo de alteraciones.

Entre los procedimientos destacados en las distintas publicaciones relacionadas con investigaciones especializadas en seguridad informática se encuentran: AvFucker, DSPLIT, RIT, Hexing y XoR. Estos tienen como objetivo generar un binario distinto del original, luego de habérsele efectuado una modificación al valor hexadecimal pertinente, que asiente la evasión del antivirus.

La imagen 17 nos permite observar la actualización de la ofuscación mediante la aplicación de un método, técnica y procedimiento aplicado sobre el malware en cualquiera de sus estados.

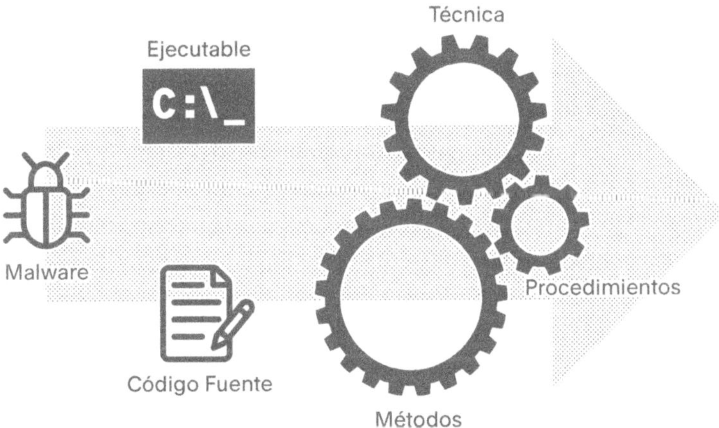

Imagen 17. Actualización de la ofuscación en un malware. Imagen de elaboración propia.

Por otra parte, también es necesario el empleo de un crypter, programa informático compuesto por dos partes: a) *builder* o "constructor", que se encarga de cifrar el binario (entrada) para luego acoplarlo al *stub*, lo que genera un malware cifrado, más el stub (salida).

b) stub, es la parte más importante de la herramienta, puesto que realiza las funciones de descifrar el binario cifrado (malware) por el *builder*, empleando una llave encargada de activar el algoritmo criptográfico y de activarlo directamente en memoria, sin necesidad de acceder al disco duro (Ammann, 2012). Esto último se considera como una de las funciones fundamentales para los malware, puesto que los antivirus realizan generalmente sus escaneos en disco, generándose así una vulnerabilidad para los sistemas de protección, tal como se muestra en la imagen 18.

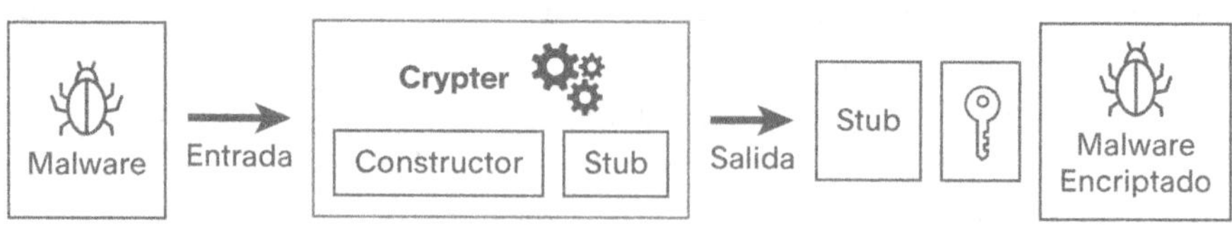

Imagen 18. Componentes de un *crypter*. Imagen de elaboración propia.

Ahora bien, al tener conocimiento de las capacidades de los cypter para cifrar archivos y ejecutarlos en memoria, los antivirus analizan el stub de salida, al ser la parte que no se encuentra cifrada. Por lo tanto, pueden leerla y evaluar si presenta funcionalidades maliciosas y si fuese el caso, inmediatamente considerarán al crypter dentro de la misma categoría (Egele et al., 2008).

Una vez detectado el stub se recurre a la aplicación de un procedimiento de ofuscación que permite volver a aplicar el crypter sobre el malware, puesto que este, para actualizarse y evadirse, depende directamente del stub. Este proceso queda expuesto en las "pruebas experimentales" realizadas (tipo "ensayo y error"), requiriéndose contar con un programa cuya única funcionalidad es indicar su correcta ejecución sobre el sistema base. Esta herramienta se denomina "anotador" y reemplazará cualquier malware que se inserte en el crypter, dado que se busca analizar el stub del malware.

Al considerar el diagrama de la imagen 19, se observa que una actualización de malware comienza en su estado binario, aplicando un método llamado cifrado, el cual requiere de un crypter. La salida del crypter debe entonces ser verificada en un antivirus (análisis basado en firma) y, si no se detecta, el malware se actualiza (Barría et al., 2016). En este caso, el AvFucker debe utilizarse, aplicando nuevamente la técnica de forma iterativa, hasta que el antivirus logre la evasión sin afectar la funcionalidad del estado binario inicial.

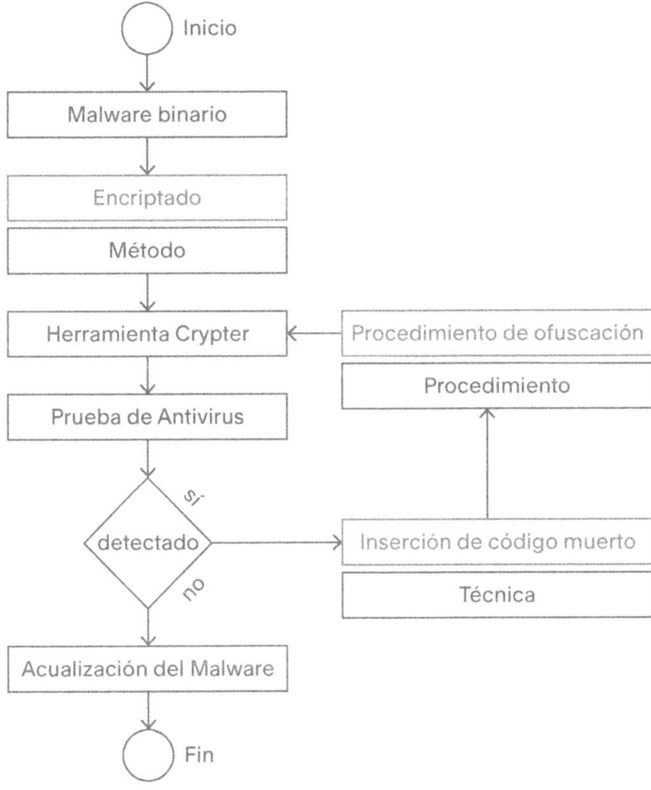

Imagen 19. Diagrama de actualización de un malware de forma manual.

Cuando la salida del crypter se contrasta, a través de técnicas de detección basadas en firmas (Bazrafshan et al., 2013), y es detectado como malware, el procedimiento se aplica en su conjunto. Esto significa que el stub, la llave y el malware cifrado están incluidos, aunque solo se detecta el área del stub. Este procedimiento consiste en la creación de copias del malware (output crypter) cuya cantidad tiene relación directa con el tamaño del archivo, lo que es posible visualizar con la siguiente ecuación:

$$Nc = St + K + Mc$$

donde:

Nc = Número de copia.
St = Tamaño en bytes del stub.
K = Tamaño en bytes de la llave.
Mc = Tamaño en bytes del malware cifrado.

Cada una de estas copias se crea para la inserción de código muerto (00, 90), de byte a byte, desde el desplazamiento inicial hasta el final correlativamente (Murad et al., 2010). Como se observa en la imagen 20.

Una vez que se generan todas las copias y las analiza el antivirus, tal como expone la imagen 21, se seleccionan solo los archivos no maliciosos y el resto se eliminan al coincidir con la firma registrada por el antivirus. De esta forma se obtiene un grupo de archivos que es capaz de evadir el antivirus, pero su código hexadecimal, al ser modificado, requiere la verificación de que su funcionalidad no haya sido afectada.

Lo que se presentó anteriormente no es viable si se utiliza como ejemplo un archivo de 1 Mb de salida, tal como se expone a continuación:

Nc = St + K + Mc = 1.048.576 copias.
Nc^2 = Espacio de las copias generadas en el disco duro.
$Nc^2 = (1.048.576)^2$ bytes = 1 Terabyte.

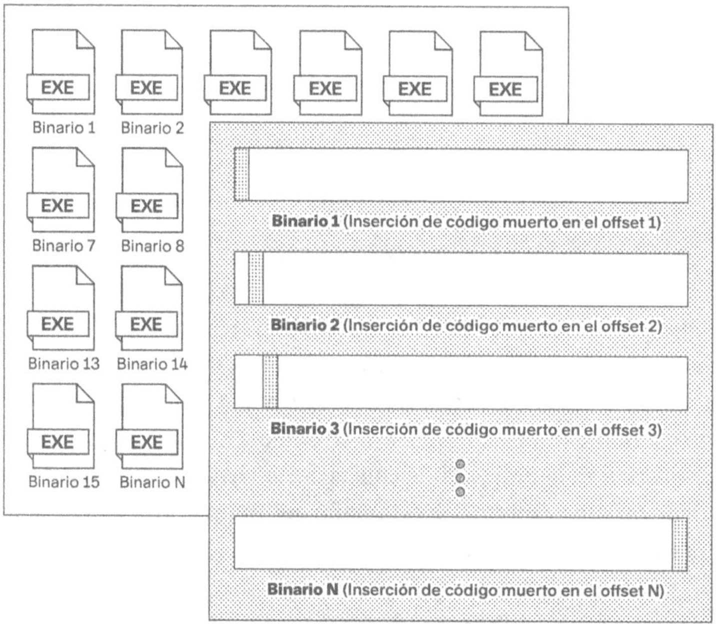

Imagen 20: Generación de copias de un malware. Imagen de elaboración propia.

El análisis anterior implica las siguientes problemáticas:

a Capacidad: el número de archivos creados podría ser mayor que el número de terabytes de información, lo que afecta directamente la capacidad del hardware y también la inversión en equipamiento tecnológico.

b Análisis: en función del tiempo en que el antivirus realiza el análisis para cada una de las copias.
c Funcionalidad: revisión que debe efectuarse de forma individual al grupo de archivos no detectados por el antivirus y luego comprobar que la funcionalidad del malware no se ve afectada.

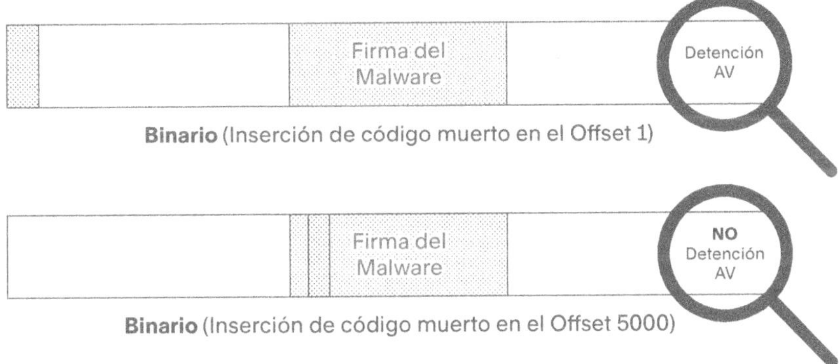

Imagen 21. Análisis del antivirus. Imagen de elaboración propia.

Al aumentar la inserción de código muerto se busca optimizar el procedimiento. Si se utiliza, por ejemplo, el archivo de salida de 1 Mb, es posible crear copias cada 1.000 bytes (desplazamiento con 0,1% del tamaño total del archivo) y se realiza el análisis adecuado, considerando solo la porción de 1.000 bytes que no se detecta. Se crean copias cada 100 bytes sobre ella y este procedimiento se repite hasta llegar a la porción de 1 byte (Barría et al., 2016). Se considera que los rangos no son necesariamente consecutivos, por lo tanto, el uso de hardware aumenta y el número de archivos creados disminuye, por lo que el tiempo de prueba de antivirus también se reduce.

El problema de la prueba de funcionamiento del malware persiste, porque se necesita un entorno controlado que permita demostrar las funciones típicas de este tipo de código malicioso, tales como: la persistencia, la conectividad y la propagación; ello implica tiempo y recursos tecnológicos para el modder (Mishra & Prajapatib, 2013). Por lo tanto, se utiliza una herramienta llamada "anotador" (Pasamar, 2013) que permite verificar las funciones descritas anteriormente mediante la sustitución de malware de entrada en el crypter. Además, otras características de este anotador es su reducido tamaño, lo que permite la optimización tanto en la creación de copias como en la reducción del análisis del antivirus y el tiempo de detección.

3.3.2.4.1. Obtención de un anotador

Un anotador se obtiene desde sitios web especializados en seguridad de la información, como BOLITA.EXE (Pink, 2013), aplicando un crypter que crea una salida compuesta de un stub, una llave y un anotador cifrado cuando se detecta un antivirus, como muestra la imagen 22.

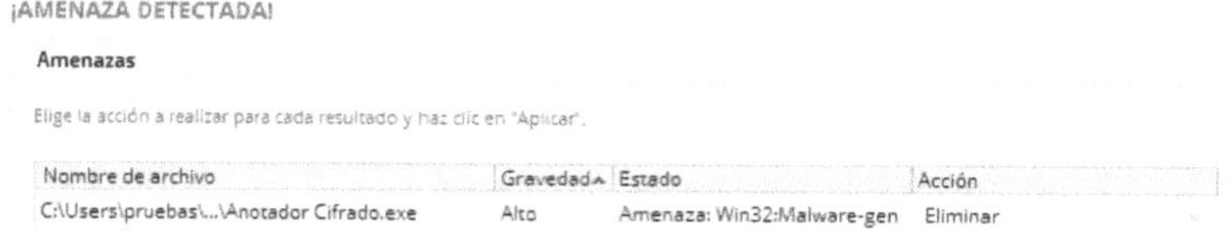
¡AMENAZA DETECTADA!

Amenazas

Elige la acción a realizar para cada resultado y haz clic en "Aplicar".

Nombre de archivo	Gravedad	Estado	Acción
C:\Users\pruebas\...\Anotador Cifrado.exe	Alto	Amenaza: Win32:Malware-gen	Eliminar

Imagen 22. Detección del anotador cifrado como malware. Imagen de elaboración propia.

3.3.2.4.2. Aplicación del procedimiento AvFucker

Cuando el antivirus detecta un archivo malicioso, en este caso Antivirus (no licencia libre) (Avast Antivirus Gratuito, 2018), se realiza la aplicación del procedimiento de ofuscación. Para ello, es posible utilizar una herramienta como, por ejemplo, OffsetLocator 2.6 (Mingo, 2011), considerando rangos de 1.000 bytes y así obtener el conjunto de archivos no detectados. Para este caso, se generó para los rangos de offset 4.001 y 5.999, como se muestra en la imagen 23.

¡AMENAZA DETECTADA!

Amenazas

Elige la acción a realizar para cada resultado y haz clic en "Aplicar".

Nombre de archivo	Gravedad	Estado	Acción
C:\Users\pruebas\Desktop\...\124000_1000.exe	Alto	Amenaza: Win32:Malware-gen	Eliminar
C:\Users\pruebas\Desktop\...\1000_1000.exe	Alto	Amenaza: Win32:Malware-gen	Eliminar
C:\Users\pruebas\Desktop\...\2000_1000.exe	Alto	Amenaza: Win32:Malware-gen	Eliminar
C:\Users\pruebas\Desktop\...\3000_1000.exe	Alto	Amenaza: Win32:Malware-gen	Eliminar
C:\Users\pruebas\Desktop\...\6000_1000.exe	Alto	Amenaza: Win32:Malware-gen	Eliminar
C:\Users\pruebas\Desktop\...\7000_1000.exe	Alto	Amenaza: Win32:Malware-gen	Eliminar

Imagen 23. Rangos modificados cada 1000 Offset detectados. Imagen de elaboración propia.

Como se observa en la imagen 24 del archivo, que no fue detectado como malware (rango 4.001- 5.000), la inserción de código muerto es evidente (00) en todos los desplazamientos para los que se puede utilizar un editor Hexadecimal (Hex Workshop Hex Editor v6.8.0, s.f.). De esta forma, se logra identificar que la firma detectada como malware se encuentra exactamente en el rango modificado.

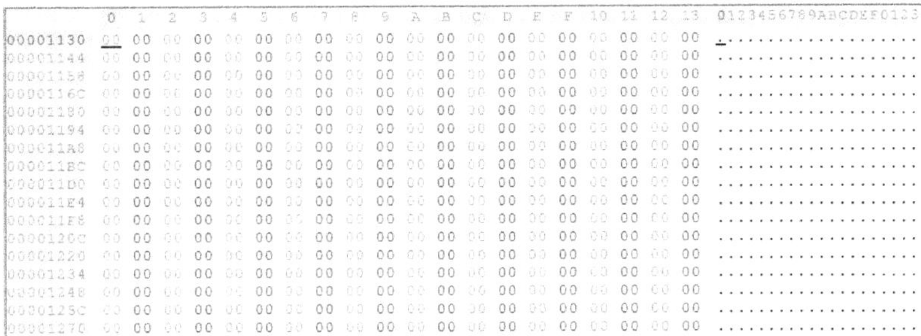

Imagen 24: Inserción de código muerto cada 1000 bytes.
Imagen de elaboración propia.

Posteriormente, se delimitan rangos entre los desplazamientos de 4.001 y 5.999, generando archivos de 100 bytes en este sector, para ser analizados nuevamente y así obtener el conjunto de archivos no detectados con un rango de 4.001 a 5.799, como muestra la imagen 25.

¡AMENAZA DETECTADA!

Amenazas

Elige la acción a realizar para cada resultado y haz clic en "Aplicar".

Nombre de archivo	Gravedad	Estado	Acción
C:\Users\pruebas\Desktop\...\5800_100.exe	Alto	Amenaza: Win32:Malware-gen	Eliminar
C:\Users\pruebas\Desktop\...\6000_100.exe	Alto	Amenaza: Win32:Malware-gen	Eliminar
C:\Users\pruebas\Desktop\...\5700_100.exe	Alto	Amenaza: Win32:Malware-gen	Eliminar
C:\Users\pruebas\Desktop\...\5900_100.exe	Alto	Amenaza: Win32:Malware-gen	Eliminar

Imagen 25: Rangos modificados cada 100 offset detecta. Imagen de elaboración propia.

La imagen 26 muestra el archivo que no fue detectado como malware, correspondiente al rango de 4.001 a 5.799, demostrando la inserción de código muerto (00) en todos los desplazamientos.

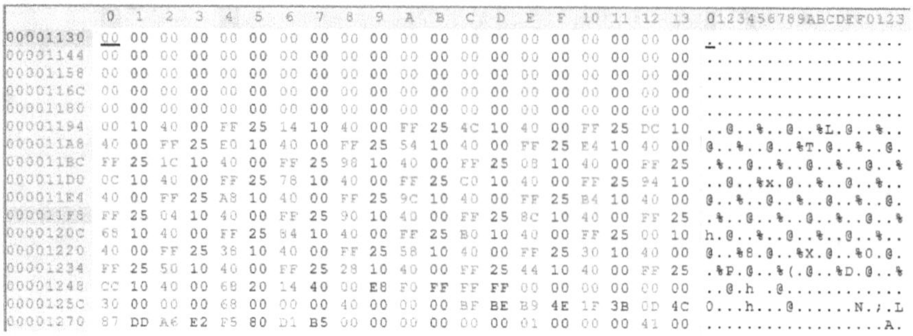

```
          0  1  2  3  4  5  6  7  8  9  A  B  C  D  E  F  10 11 12 13  0123456789ABCDEF0123
00001130  00 00 00 00 00 00 00 00 00 00 00 00 00 00 00 00 00 00 00 00  ....................
00001144  00 00 00 00 00 00 00 00 00 00 00 00 00 00 00 00 00 00 00 00  ....................
00001158  00 00 00 00 00 00 00 00 00 00 00 00 00 00 00 00 00 00 00 00  ....................
0000116C  00 00 00 00 00 00 00 00 00 00 00 00 00 00 00 00 00 00 00 00  ....................
00001180  00 00 00 00 00 00 00 00 00 00 00 00 00 00 00 00 00 00 00 00  ....................
00001194  00 10 40 00 FF 25 14 10 40 00 FF 25 4C 10 40 00 FF 25 DC 10  ..@..%..@..%L.@..%..
000011A8  40 00 FF 25 E0 10 40 00 FF 25 54 10 40 00 FF 25 E4 10 40 00  @..%..@..%T.@..%..@.
000011BC  FF 25 1C 10 40 00 FF 25 98 10 40 00 FF 25 08 10 40 00 FF 25  .%..@..%..@..%..@..%
000011D0  0C 10 40 00 FF 25 78 10 40 00 FF 25 C0 10 40 00 FF 25 94 10  ..@..%x.@..%..@..%..
000011E4  40 00 FF 25 A8 10 40 00 FF 25 9C 10 40 00 FF 25 B4 10 40 00  @..%..@..%..@..%..@.
000011F8  FF 25 04 10 40 00 FF 25 90 10 40 00 FF 25 8C 10 40 00 FF 25  .%..@..%..@..%..@..%
0000120C  68 10 40 00 FF 25 84 10 40 00 FF 25 B0 10 40 00 FF 25 00 10  h.@..%..@..%..@..%..
00001220  40 00 FF 25 38 10 40 00 FF 25 58 10 40 00 FF 25 30 10 40 00  @..%8.@..%X.@..%0.@.
00001234  FF 25 50 10 40 00 FF 25 28 10 40 00 FF 25 44 10 40 00 FF 25  .%P.@..%(.@..%D.@..%
00001248  CC 10 40 00 68 20 14 40 00 E8 F0 FF FF FF 00 00 00 00 00 00  ..@.h .@............
0000125C  30 00 00 00 68 00 00 00 40 00 00 00 BF BE B9 4E 1F 3B 0D 4C  0...h...@......N.;.L
00001270  87 DD A6 E2 F5 80 D1 B5 00 00 00 00 00 00 01 00 00 00 41 00  ..................A.
```

Imagen 26: Inserción de código muerto cada 100 bytes. Imagen de elaboración propia.

Al igual que con los puntos mencionados anteriormente, corresponde la generación de archivos de 10 bytes en este sector, sobre las compensaciones de rangos de 4.001 a 5.799. Luego, el antivirus los vuelve a analizar y se obtienen los archivos no detectados. Estos producen varios rangos no consecutivos entre 4.061 - 5.649 y 4.011- 4.029, como muestra la imagen 27.

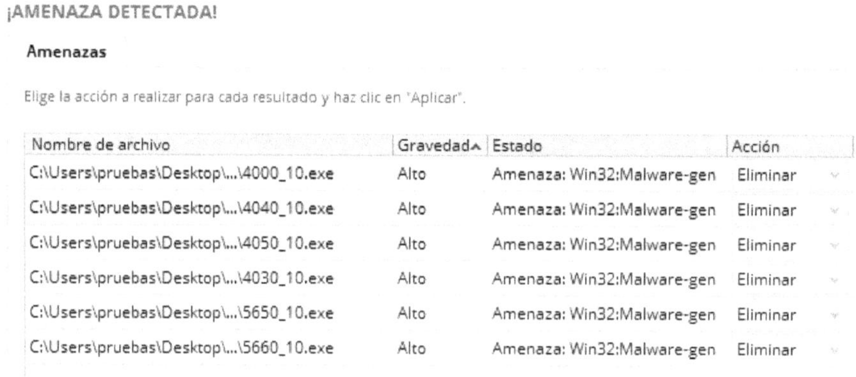

¡AMENAZA DETECTADA!

Amenazas

Elige la acción a realizar para cada resultado y haz clic en "Aplicar".

Nombre de archivo	Gravedad	Estado	Acción
C:\Users\pruebas\Desktop\...\4000_10.exe	Alto	Amenaza: Win32:Malware-gen	Eliminar
C:\Users\pruebas\Desktop\...\4040_10.exe	Alto	Amenaza: Win32:Malware-gen	Eliminar
C:\Users\pruebas\Desktop\...\4050_10.exe	Alto	Amenaza: Win32:Malware-gen	Eliminar
C:\Users\pruebas\Desktop\...\4030_10.exe	Alto	Amenaza: Win32:Malware-gen	Eliminar
C:\Users\pruebas\Desktop\...\5650_10.exe	Alto	Amenaza: Win32:Malware-gen	Eliminar
C:\Users\pruebas\Desktop\...\5660_10.exe	Alto	Amenaza: Win32:Malware-gen	Eliminar

Image 27: Rangos modificados cada 10 offset detectados. Imagen de elaboración propia.

En la imagen 28 se presenta el archivo que no fue detectado como malware, entre los rangos de 4.061- 5.649 y 4.011- 4.029, siendo la inserción del código muerto evidente (00) en todos los desplazamientos.

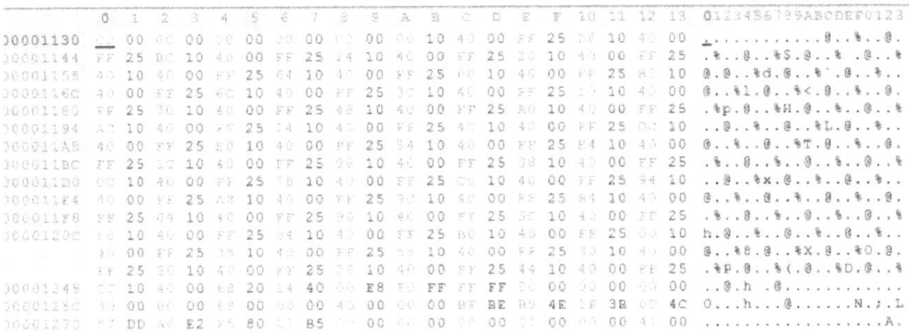

Imagen 28. Inserción de código muerto en el archivo que no se detectó como malware.

En este caso, es posible seleccionar uno de los rangos obtenidos 4.061-5.649. Al crear archivos de 1 byte para ser analizados, tal como se presenta en la imagen 29. Todos los archivos que no se detectaron, deberán ser sometidos a las pruebas de funcionalidad.

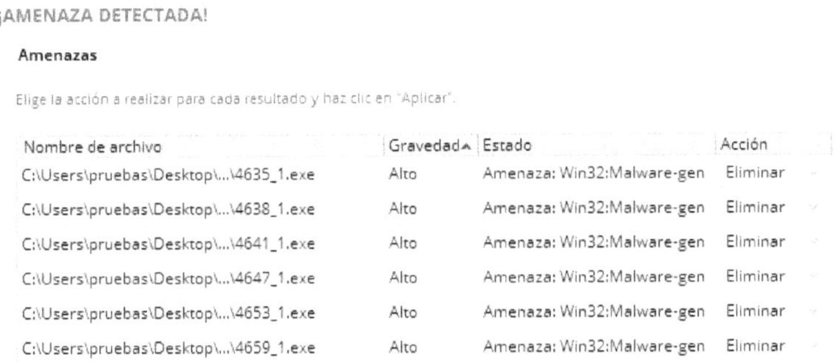

¡AMENAZA DETECTADA!

Amenazas

Elige la acción a realizar para cada resultado y haz clic en "Aplicar".

Nombre de archivo	Gravedad	Estado	Acción
C:\Users\pruebas\Desktop\...\4635_1.exe	Alto	Amenaza: Win32:Malware-gen	Eliminar
C:\Users\pruebas\Desktop\...\4638_1.exe	Alto	Amenaza: Win32:Malware-gen	Eliminar
C:\Users\pruebas\Desktop\...\4641_1.exe	Alto	Amenaza: Win32:Malware-gen	Eliminar
C:\Users\pruebas\Desktop\...\4647_1.exe	Alto	Amenaza: Win32:Malware-gen	Eliminar
C:\Users\pruebas\Desktop\...\4653_1.exe	Alto	Amenaza: Win32:Malware-gen	Eliminar
C:\Users\pruebas\Desktop\...\4659_1.exe	Alto	Amenaza: Win32:Malware-gen	Eliminar

Imagen 29. Rangos modificados cada 1 offset detectados. Imagen de elaboración propia.

En consecuencia, cada análisis efectuado por el antivirus, es ejecutado a partir de la firma detectada y no utilizando otras técnicas de detección, tales como las basadas en comportamiento o algo similar.

3.3.2.4.3. Prueba de funcionalidad

Consiste en evaluar la funcionalidad de los archivos resultantes obtenidos del proceso de ofuscación. Para ello, se utiliza el anotador, el que genera un archivo con extensión TXT, con el mismo nombre que el ejecutable. Esto significa que el archivo obtenido mantiene sus propiedades operativas, tal como se muestra en la imagen 30.

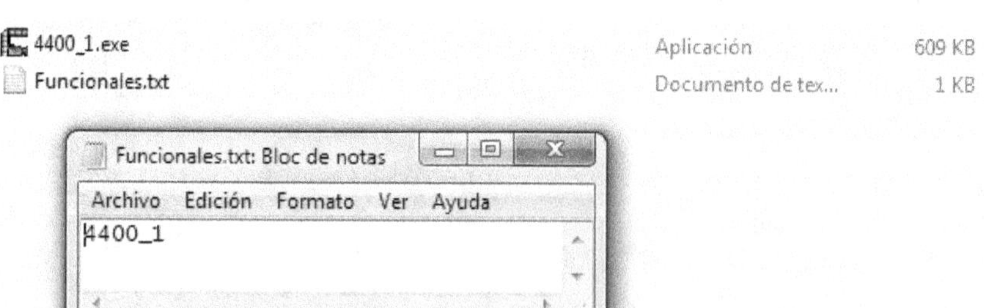

Imagen 30. Pruebas de funcionalidad del anotador cifrado. Imagen de elaboración propia.

En la imagen 30 también se observa que el offset de 4.400 no fue detectado por el antivirus y conserva su funcionalidad. Este desplazamiento es el que debe modificarse a partir del malware de base, como muestra la imagen 31, para analizarlo posteriormente y comprobar su capacidad de evasión, como se observa en la imagen 32 respectivamente.

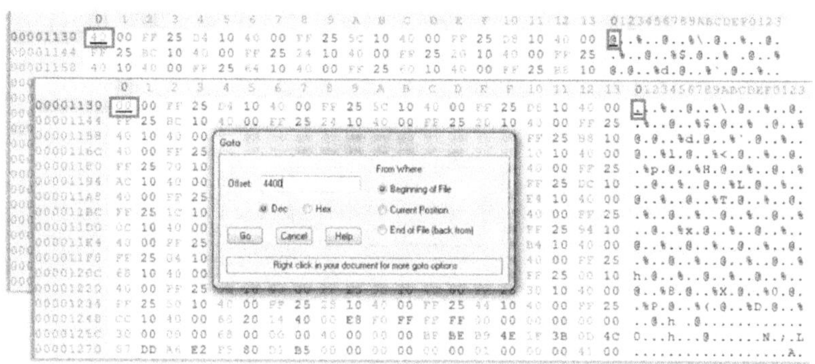

Imagen 31. Modificación offset original del malware. Imagen de elaboración propia.

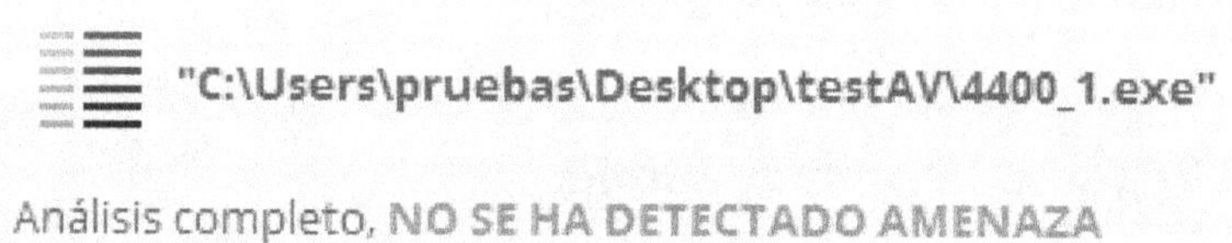

Imagen 32. Pruebas de evasión del malware base. Imagen de elaboración propia.

3.3.2.4.4. Construcción del malware (No Stealth)

Se refiere a la construcción de un código malicioso, cuyo objetivo es obtener documentos de un tercero (usuario), de ciertos directorios y con distintas extensiones, desde un computador (por motivos de confidencialidad se expone solo parte del código en la imagen 33).

```
user = getpass.getuser()
a=  r'C:users/'
b= user+'/'
c= r"Desktop"
d= r"Documents"
e= r"Downloads"
ficheros=os.listdir(a+b+c)
mvndocumentos=os.listdir(a+b+d)
downloads=os.listdir(a+b+e)
included_extensions = ['docx','doc','pdf']
file_names = [fn for fn in ficheros if any([fn.endswich(ext) for ext in included_extensions])]
```

Imagen 33. Trozo de código de un malware No Stealth. Imagen de elaboración propia.

3.3.2.4.5. Prueba de antivirus

Se realiza el análisis del código malicioso con un antivirus específico basado en firmas, el cual tiene la capacidad de incorporar otros motores de antivirus. Tal como se aprecia en la imagen 34, este código es detectado y reportado como un elemento de alto riesgo.

Imagen 34. Prueba de antivirus. Imagen de elaboración propia.

3.3.2.4.6. Aplicación de técnicas de ofuscación

Al detectar el código malicioso, se somete a un crypter para aplicar las técnicas de ofuscación (cifrado/descifrado), cuyo proceso, una vez finalizado, convierte un malware detectable en uno que eventualmente logra la evasión del antivirus. Lo que se presenta en la imagen 35.

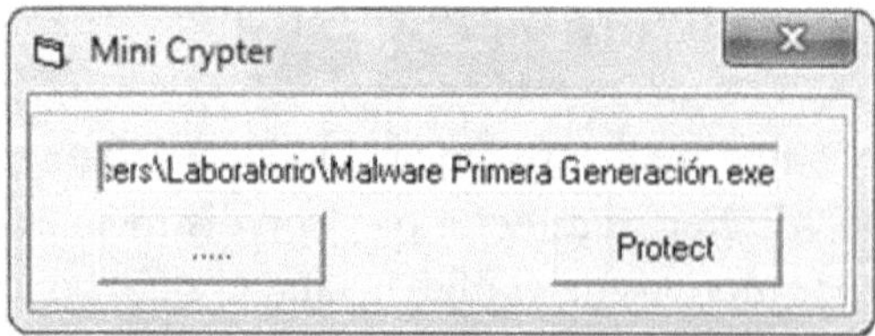

Imagen 35. Aplicación de Crypter. Imagen de elaboración propia.

3.3.2.4.7. Pruebas de evasión

Una vez que se logra la ofuscación del código malicioso, este se somete otra vez al antivirus, bajo las mismas condiciones anteriores (misma casa y motores incorporados). En la imagen 36 podemos observar que este no fue detectado ni tampoco reporta ningún mensaje de alerta. Además, los reportes de *logs* del antivirus lo catalogan como un archivo sin amenaza, tal como lo muestra la imagen 37. De esta manera, el malware podrá cumplir su objetivo de evasión.

```
C:Users\Laboratorio\Malware Primera Generación Ofuscado.exe      30.0 KB
```

Imagen 36. Pruebas de antivirus. Imagen de elaboración propia.

```
Anál. bot. dcho        No hay amenazas
```

Imagen 37. Logs de antivirus. Imagen de elaboración propia.

En las pruebas realizadas, como se aprecia en la imagen 38, se evidencia que al aplicarles técnicas de ofuscación a los malware No Stealth, considerados de primera generación, con una herramienta crypter, es posible transformarlos y, por ende, cambiar de categoría, a segunda generación, según los criterios jerárquicos planteados.

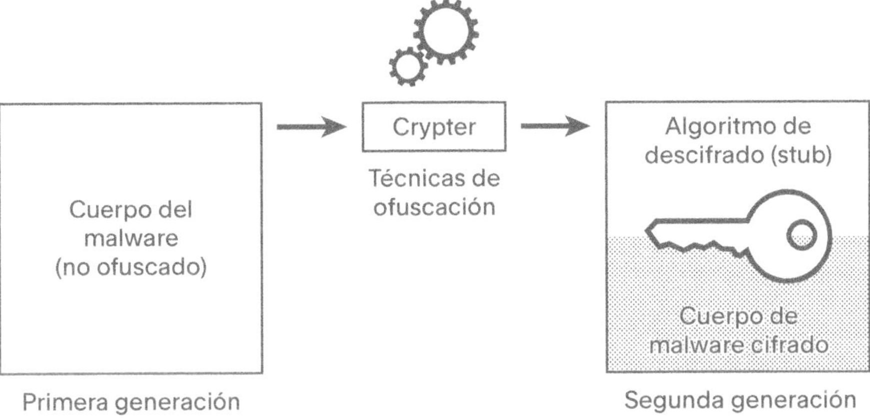

Imagen 38. Transformación de un malware. Imagen de elaboración propia.

3.3.2.5. Propuesta de flujograma de ofuscación de malware

Conforme a la clasificación de malware expuesta anteriormente y lo exhibido en la imagen 38, se estima necesario considerar los malware de primera generación, a pesar de su obsolescencia, dado que al aplicarles técnicas de ofuscación, cambian de categoría a una de segunda generación. Se propone un flujograma para la actualización de malware, tal como se presenta en las imágenes 39 y 40 respectivamente.

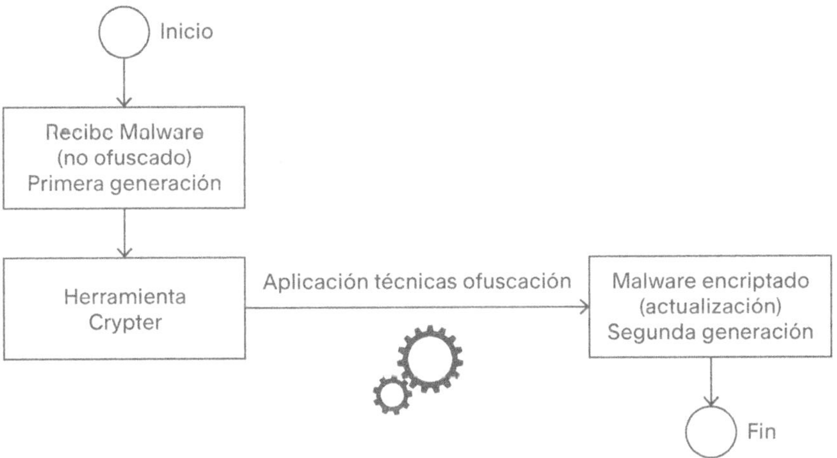

Imagen 39. Propuesta de flujograma para la aplicación de un procedimiento de ofuscación. Imagen de elaboración propia.

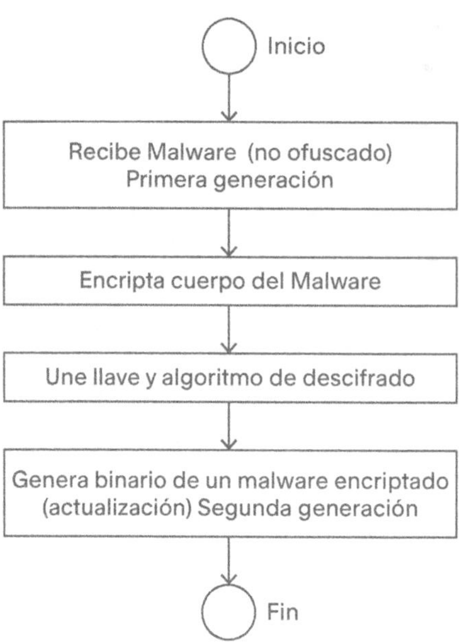

Imagen 40. Actualización de malware a partir del crypter. Imagen de elaboración propia.

3.4. Propuesta de un modelo conceptual de clasificación para malware, basada en ofuscación

En concordancia con los antecedentes expuestos anteriormente se estima que el código malicioso denominado No Stealth debe formar parte de los tipos de malware, ya que es posible relacionarlo con cualquiera de los que integran la clase (virus, gusanos, botnet y Caballo de Troya) y por pertenecer a los que se definen como primera generación, tal como se muestra en la imagen 41, proponiéndose como resultado una nueva pirámide invertida que permite clasificar el malware, basada en ofuscación.

Imagen 41. Propuesta de un modelo conceptual de clasificación para malware, basada en ofuscación. Imagen de elaboración propia.

Capítulo IV

Mecanismo de clasificación y actualización de malware

4.1

Para analizar la "automatización" del procedimiento de ofuscamiento en un malware debemos considerar que el empleo de un crypter genera como salida un malware cifrado del tipo No Stealth, pero con todas las funcionalidades de código malicioso. Sabemos que este procedimiento de ofuscasión del crypter se realiza en forma manual, lo que involucra varios archivos que deben ser analizados para determinar la ubicación de una firma, con una supervisión continua y una alta interacción entre el modder y la máquina de análisis. Ello demanda no solo el empleo de especialistas en el área informática, sino que además un periodo considerable de tiempo. En virtud de lo anterior, se presenta un programa que permite automatizar los procedimientos de ofuscación y obtener, al mismo tiempo, datos y el análisis de variables como: latencia, rangos de ofuscación, tiempo total, interacción manual, ciclos, espacio en disco y archivos de salida.

4.2. Análisis de malware (crypter)

La detección de malware constituye un desafío significativo para los desarrolladores de antivirus, capaces de identificar firmas de instancias conocidas de software maligno u otras relativamente similares. Para identificar un nuevo código malicioso, se recopilan a diario archivos sospechosos, que analizan expertos en seguridad de la información y los etiquetan como maliciosos o benignos. Se trata de una tarea bastante tediosa, con una alta demanda en horas de trabajo, que hace díficil el realizarla manualmente. Es por ello que los motores de antivirus se han apoyado en máquinas de aprendizaje para robustecer los algoritmos y heurísticas, tarea que permite disminuir las amenazas generadas por los malware, a través de la detección y neutralización de los componentes maliciosos incorporados al código (Egele et al., 2012). Para reforzar los conceptos expuestos en el capítulo anterior, los antivirus llevan las acciones de detección, utilizando principalmente dos técnicas:

a La que se basa en "análisis dinámico" la cual consiste en detectar los posibles comportamientos del código, definiendo cuáles de ellos pueden clasificarse como maliciosos.

b La que se basa en "análisis estático" que permite la detección de programas maliciosos por medio de la correlación entre el código y las denominadas firmas de malware. Si existe una coincidencia entre el código y la firma, el sistema antimalware determina que el código sí posee funcionalidades maliciosas (Oyama et al., 2012).

Cabe destacar que el malware moderno ha ido disminuyendo su peso y número de líneas de código, gracias a los actuales lenguajes de programación, lo cual les permite mantenerse ocultos. Aun así, existen experiencias como el caso de Flame, concebido en lenguaje de programación Lua, que a diferencia de los ya mencionados, presenta un incremento en su peso en la cantidad de líneas de desarrollo y en el empleo de un kit de herramientas de ataque. De acuerdo con lo anterior, resulta fundamental considerar la ofuscación como método de encriptación. Originalmente se trataba de un diseño que servía para proteger el código fuente del uso no autorizado por parte de los desarrolladores del mismo, quienes crearon este mecanismo de ocultación para hacerlo ilegible, pero que al ser ejecutado, respondía con todas las funcionalidades que le habían sido implementadas como programa. Entre estas técnicas destacan la inserción de código muerto, la reasignación de registros de memoria, el reordenamiento de subrutinas de código, la sustitución de instrucciones y la transposición e integración de código (Itsun et al., 2010). En la actualidad, los modders aprovechan la aplicación de estas técnicas de ofuscación no con el propósito de proteger el código contra el uso indebido, sino para evitar que los sistemas de detección puedan identificar las funcionalidades maliciosas que fueron incorporadas al programa (Barría et al., 2016). Dado que comúnmente se emplea la inserción de código muerto (por no ser necesario conocer su código fuente) y ser posible aplicar el procedimiento de AvFucker y/o DSPLIT de forma directa al archivo compilado (Barría et al., 2016). Por lo mismo, ambos procedimientos se consideran como de ensayo y error. Al no contar con el programa fuente, se debe encontrar el offset del binario a modificar, generando como salida un malware cifrado del tipo No Stealth, pero con todas sus funcionalidades de código malicioso.

4.3. Diseño experimental (verificación).

Para llevar a cabo los procedimientos de AvFucker, DSPLIT y División Binaria de forma automatizada, es necesario establecer dos condiciones fundamentales:

1. Los requerimientos técnicos que serán parte de la experimentación, dados los procedimientos que establece cada una de las ofuscaciones.

2. Las variables involucradas que generan los datos, para poder obtener resultados y así analizar la ejecución del programa propuesto.

4.3.1. Requerimientos técnicos

Se procedió a la implementación de una estructura tecnológica, de acuerdo con los parámetros de HW y SW, concebida bajo las siguientes caracteristicas:

- Hardware del equipo: Intel I7
- Sistema Operativo: Windows 7 Profesional
- Arquitectura: x64 bits
- Antivirus: Antivirus (Software no libre) 12.1.31.0
- Anotador: Muestra genérica, peso 24.576 bytes
- Programa: Python 2.7 Librería Pywinauto
- OffsetLocator: Versión 2.0

4.3.2. Variables definidas

Las variables que se evidenciaron durante el procedimiento de ofuscación son:

- Latencia: Tiempo total (medido en horas) empleado por el antivirus para analizar todos los archivos generados por el procedimiento de ofuscación, eliminando las muestras reconocidas como malware y dejando solo los archivos cuyas firmas no son detectadas (se encuentren interrumpidas). Este periodo varía dependiendo del tamaño del archivo fuente, ya que a mayor cantidad de muestras analizadas, mayor tiempo de finalización requerirá el procedimiento.

- Rangos de ofuscación: Se mide en función de los rangos de bytes que genera cada muestra que no es detectada por el sistema de antivirus, ya que a partir de esta se procederá a la creación de nuevos archivos. Cada archivo se modifica en una menor cantidad de bytes hasta llegar a la mínima modificación de 1 byte (1 offset). Es decir, cada muestra que haya sido modificada en 1 offset y que no sea detectada por el sistema de antivirus, se transforma en una muestra candidata. Esto significa que en la posición exacta donde se modificó, se interrumpió (no detectó) la firma de antivirus con la mínima modificación posible en su estructura (1 byte). La imagen 42 muestra el rango de número 5.000 como no detectado, todos los demás rangos son detectados como malware, por el motor de antivirus. A partir de este rango 5.000, se generarán 10 nuevos rangos modificados en 100 bytes y, de esta forma, se llega finalmente a la modificación mínima de 1 byte. En este ejemplo, se grafican como mínimo un total de 6 rangos, con los cuales trabaja el software OffsetLocator, mostrando solo el desglose desde el rango 5.100. Del mismo modo, cabe la posibilidad de que en los rangos superiores, se generaran más rangos, pero la imagen 42 expone que a partir del rango 5.000 / 5.100 / 5.110 se generó una muestra candidata que, en este caso, corresponde a 5.111.

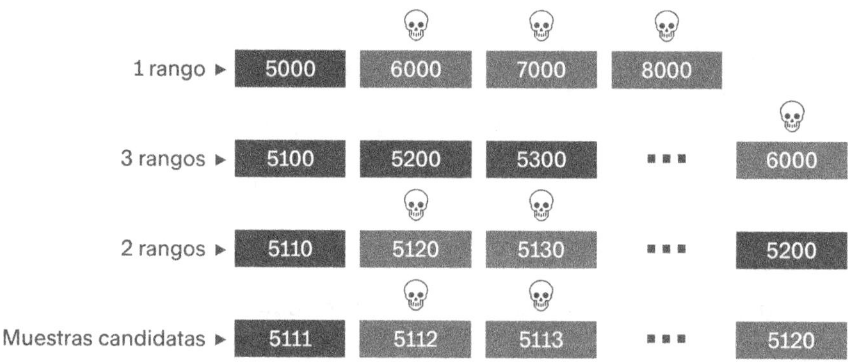

Imagen 42. Rangos disponibles postanálisis del motor de antivirus.
Imagen de elaboración propia.

- Tiempo total: Es el tiempo, medido en horas hombre que se emplea durante el proceso completo de ofuscación y que considera la parte manual y automatizada, es decir, desde que se generan las muestras, se analizan y se verifica su funcionalidad. Este tiempo considera la suma entre la variable latencia, el tiempo empleado para completar el formulario de OffsetLocator, a partir de los datos obtenidos en el análisis del antivirus y la prueba de funcionalidad de las muestras candidatas.

Lo anterior se puede expresar en la ecuación:

$$\text{Tiempo Total} = LA + CO + PF$$

Donde:
LA= Latencia de análisis antivirus.
CO= Completación del formulario OffsetLocator.
PF= Pruebas de funcionamiento de las muestras candidatas.

Este tiempo se incrementa dependiendo del número de rangos no detectados por el antivirus, o sea, la cantidad de archivos generados por el proceso de ofuscación.

- Interacción manual: Se mide en función de la cantidad de clicks que el modders realiza al efectuar el procedimiento de ofucación manualmente. Lo anterior se establece considerando que en cada rango finalizado el modders debe completar el formulario en el programa OffsetLocator, insertando los siguientes datos:

  offset de inicio.
  offset final.
  rango de offset.
  ubicación del archivo fuente.
  destino de resultados.
  offset de código muerto a insertar.

En definitiva, cada una de estas interacciones es registrada como clicks que el modder debe ejecutar.

Ciclos: Corresponde a las veces que se generan muestras a partir de la completación del formulario en el programa OffsetLocator [medido en iteraciones].

Las veces que este procedimiento itera es proporcional a la variable "rangos de ofuscación", tal como se presenta en la imagen 43. El programa OffsetLocator recibe los rangos de inicio 5.000 bytes y final 6.000 bytes, generando nuevos archivos que se modifican por cada 100 bytes (5.100, 5.200, 5.300, etc.). Luego, al analizar estas muestras con el motor de antivirus, quedan solo los rangos no detectados. El nuevo ciclo se crea a partir de esta información, pero esta vez desde el rango inicial 5.100 hasta el rango final 5.200, generando así nuevas muestras (5.110, 5.120, 5.130, etc.) hasta finalizar con todas ellas.

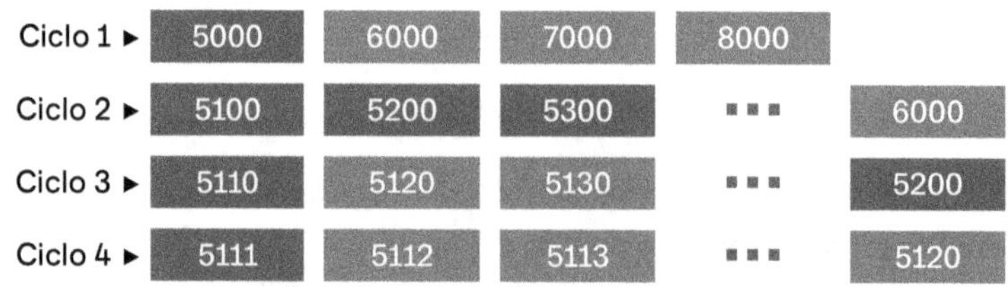

Imagen 43. Ciclos generados por el programa. Imagen de elaboración propia.

Espacio en disco: Se encuentra en función del espacio total [medido en Megabyte] empleado en el disco duro y dadas las muestras que genera durante el proceso de ofuscación el programa OffsetLocator. Lo anterior, se considera en función de la variable "ciclos". Sin embargo, antes de que las analice y borre el motor de antivirus, si es que son detectadas como malware, entre más *rangos* queden disponibles para procesar, mayor será el espacio en disco que ocupará el procedimiento, puesto que un nuevo rango generará nuevas muestras.

Archivos de salida: Cantidad de archivos [medido en cantidad], generados por el procedimiento de ofuscación. Cabe señalar que la cantidad final de archivos es directamente proporcional al peso del archivo fuente y los rangos no detectados, tal como en los procedimientos de ofuscación AvFucker y DSPLIT siempre generan archivos a partir de la modificación de cierta cantidad de bytes (Rangos de 1.000, 100, y 10), a mayor cantidad de bytes que posea el archivo fuente, mayor cantidad de rangos (copias modificadas del archivo fuente) se generarán.

4.4. Descripción y automatización de los procedimientos de ofuscación

4.4.1. AvFucker

AvFucker es un procedimiento de ofuscación, utilizado por la comunidad modders en el ámbito de los malware, cuyo objetivo es que el archivo malicioso logre evadir los distintos motores de antivirus en función de las pruebas de ensayo y error efectuadas.

Su empleo masivo se debe a la facilidad de uso al momento de modificar un único offset de la firma detectada, puesto que el cambio sugiere una intervención mínima, sin necesidad de contar con el código fuente.

4.4.1.1. Procedimiento

Consiste en la generación de "n" copias del malware, conforme a su tamaño en offset, donde posteriormente cada copia es modificada según el rango de ofuscación que se encuentre (1000, 100, 10, 1 offset) en 1 offset. Este proceso de cambio es indispensable para lograr la evasión y mantener la funcionalidad ante los sistemas de protección de la información.

Cada una de las copias generadas se deben analizar, conforme a la relación existente entre la base datos de firmas del motor de antivirus y los archivos respectivos, para determinar el rango en el cual el código es ofuscado y consigue evadir la detección de su correspondiente firma. En la segunda iteración, se toma como base el rango detectado anteriormente Cada iteracción de 1000 bytes modificados que no se detecta, se toma como base para el siguiente rango de ofuscación, pero con iteraciones en rangos de 100 bytes. De esta manera, el rango donde se produce la detección es menor, por lo que posteriormente se realiza una nueva iteración restringida, es decir, en rangos de 10 bytes. Finalmente, cuando este rango es iterado a nivel de bytes, es posible determinar la posición exacta (offset) para modificar el stub de un crypter y poder evadir el sistema de detección en función de la base de datos de firma, el cual emplea un motor de antivirus específico. Lo anterior, se expone en la imagen 44.

Imagen 44. Procedimiento de ofuscación AvFucker. Imagen de elaboración propia.

A modo de ejemplo, si tenemos un archivo compilado que posee un tamaño de 10.000 bytes, el cual será denominado anotador, por cada ciclo realizado, se obtendrán dos archivos no detectados como malware, de los cuales se derivaran la generación de nuevos rangos, cuyos valores resultantes son expuestos en las Tablas 7 y 8 respectivamente.

Tabla 7. Espacio en disco necesario por iteración.

Iteración	Rango (bytes)	N° de archivos de salida por iteración	Archivos no detectados como malware	Total de archivos generados (acumulados)	Tamaño total de archivos (bytes)
1	1000	10	2	10	10.000
2	100	20	4	30	30.000
3	10	40	8	70	70.000
4	1	80	16	150	150.000
Total espacio utilizado en disco duro.					150.000

Tabla 8. Tiempo de detección por iteración AvFucker.

Ciclos acumulados	Rango (bytes)	N° de archivos de salida por iteración	Rangos para ofuscación	Total de archivos para analizar (acumulados)	Tiempo de análisis estimado (antivirus)
1	1000	10	2	10	4 seg
2	100	20	4	30	10 seg
4	10	40	8	70	21 seg
8	1	80	16	150	50 seg
Tiempo total de análisis					85 seg
Promedio de tiempo de análisis por cada muestra.					0,33 seg

4.4.1.2. Automatización

Utilizando la librería existente en Python (pywinauto), la cual permite automatizar procesos sobre archivos ejecutables en Windows, se desarrolló un programa que permite automatizar la herramienta OffsetLocator. Esta la utilizan los modders para generar "n" muestras modificadas, en distintos rangos de bytes desde un archivo original. Si bien se logran automatizar las tareas de inserción de código muerto sobre un binario, esta aplicación aún requiere la ejecución de la variable interacción manual.

En la imagen 45 se representan los formularios de la aplicación UdToolsOffsetLocator, que son leídos y rellenados con los parámetros necesarios para ejecutar la aplicación de manera automatizada. De acuerdo con los puntos expuestos en la variable de interacción manual.

```
def OffsetLocatorR(Offset,Bytes,Folder,Carpeta,Rango1,Rango2):
    app = Application().start(OffLocator)
    app.UdToolsOffsetLocator20.edit1.SetText(Offset)
    app.UdToolsOffsetLocator20.edit2.SetText(Bytes)
    app.UdToolsOffsetLocator20.edit5.SetText(Folder)
    app.UdToolsOffsetLocator20.edit6.SetText(File)
    app.UdToolsOffsetLocator20.ThunderRT6UserControlIDC20.Click()
    app.UdToolsOffsetLocator20.TypeKeys("{ENTER}")
    app.Seleccionaunarchivo.edit1.SetText("Bolita.exe")
    app.Seleccionaunarchivo.TypeKeys("{ENTER}")
    app.UdToolsOffsetLocator20.edit3.SetText(Rango2)
    app.UdToolsOffsetLocator20.edit4.SetText(Rango1)
    app.UdToolsOffsetLocator20.ThunderRT6UserControlIDC19.Click()
    app.UdToolsOffsetLocator20.TypeKeys("{ENTER}")
    app.BuscarCarpeta.TypeKeys("%FG")
    app.BuscarCarpeta.TypeKeys("{RIGHT}")
    app.BuscarCarpeta.TypeKeys(Carpeta)
    app.BuscarCarpeta.TypeKeys("{ENTER}")
    app.UdToolsOffsetLocator20.ThunderRT6UserControlIDC10.Click()
    app.UdToolsOffsetLocator20.TypeKeys("{ENTER}")
    time.sleep(5)
    app.UdToolsOffsetLocator20.TypeKeys('%{F4}')
    app.UdToolsOffsetLocator20.TypeKeys("{ENTER}")
```

Imagen 45. Lectura pywinauto sobre OffsetLocator. Imagen de elaboración propia.

En este caso, se van incorporando los datos en la herramienta OffsetLocator de forma de seguir la secuencia AvFucker (completación de formulario, análisis de muestras, lectura de resultados). Este procedimiento se repetirá hasta que no existan más rangos disponibles para analizar y logre alcanzar la más mínima modificación, es decir, de 1 offset, con el fin de encontrar muestras candidatas, como se representa en la imagen 46.

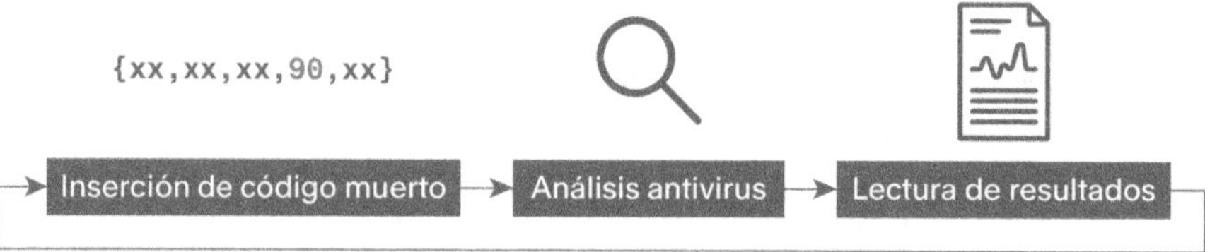

Imagen 46. Proceso de ofuscación, análisis y lectura de resultados. Imagen de elaboración propia.

Cuando la herramienta genera los resultados (archivos modificados), es necesario llamar a una función dentro de la automatización que analice las muestras resultantes por parte del antivirus. Esta función se muestra en la imagen 47.

```
def Antivirus():
print "Escaneando Virus"
time.sleep(5)
cmd = '''"c:\Program Files\ESET\ESET NOD32 Antivirus\ecls.exe"
        /base-dir="c:\Program Files\ESET\ESET NOD32 Antivirus"
        /log-file=c:\ecls1000.txt /aind  /clean-mode=Strict'''
p = subprocess.Popen(cmd, shell=True, stderr=subprocess.PIPE)
time.sleep(3)
contador=0
while contador==0:
    x=0
    for proc2 in psutil.process_iter():
        print proc2.as_dict(attrs=['name'])
        if  proc2.as_dict(attrs=['name']) == {'name': 'ecls.exe'} :
            print "Antivirus se encuentra Analizando Offsets"
            x=x+1
    if x >= 1 :
        contador=0
    else:
        contador=1
```

Imagen 47. Lectura de los procesos del antivirus. Imagen de elaboración propia.

Esta función se ocupará recursivamente cada vez que se generen los archivos por rangos (1.000-100-10-1). Esta efectúa un llamado por consola a la ejecución del antivirus, que analiza la carpeta donde se encuentran las muestras generadas por OffsetLocator. El programa solo saldrá de este bucle de análisis, si dentro de los procesos del sistema operativo no se encuentra el ejecutable ecls.exe, encargado de analizar y comparar los archivos con la base de datos por parte del antivirus, de esta forma, comprobará si el programa de antivirus terminó de analizar las muestras generadas.

Solo quedarán rangos disponibles para trabajar (archivos no detectados como malware), procediéndose a generar muestras a partir de rangos de 1.000, 100, 10 y 1 offset, llamando a una función que se encarga de completar los formularios de manera automatizada. Ello se expone en la imagen 48.

```
def InsertRangos100(lstFiles):
    Rango1000=""
    for rangos1000 in lstFiles:
        Rango1000=rangos1000
        Rango2000=int(Rango1000)+999
        print "El sistema Trabajara en Base a estos Rangos "+"INICIAL: ",Rango2000,"   FINAL:",Rango1000
        print "-------------------------------------------------------------------------------------"
        OffsetLocatorR(90,100, FolderOffsetC,CarpetaFC,Rango2000,Rango1000)
        Antivirus()
        LecturaRangos(FolderOffsetC,lstFilesFiles)
        InsertRangos10(lstFiles)
```

Imagen 48. Rangos pywinauto OffsetLocator. Imagen de elaboración propia.

Las funciones de insertar rangos dentro del sistema son las encargadas de recibir los datos desde la lectura de estos, para así completar el formulario del OffsetLocator de la imagen 48, pero esta vez con nuevos valores, generando así nuevos archivos, a partir de nuevos rangos no detectados por el sistema de antivirus. Esto llama nuevamente a la función que completa el formulario, utilizando la librería PyWinAuto, la cual genera "n" copias, cuyo correcto funcionamiento luego se comprobará. De esta forma, la variable interacción manual se ha reducido al mínimo, impactando, a su vez, significantivamente en las variables tiempo total y el análisis del antivirus ejecutado por cada muestra generada (latencia).

En resumen, el sistema de automatización posee tres funciones principales:

a Es el encargado de recibir y escribir los rangos en la aplicación OffsetLocator, generando muestras a partir de estos valores.

b Es el responsable de analizar las muestras con el sistema de antivirus.

c Lee las muestras resultantes posteriores al análisis del antivirus, para obtener los nuevos rangos con los cuales trabajará el programa hasta conseguir el rango de 1 offset.

Al finalizar estas funciones, el programa revisará los archivos resultantes no detectados y modificados en el rango de 1 offset, comprobando que su funcionalidad se encuentre correcta. Todo este proceso queda demostrado gráficamente en la imagen 49, con su respectiva propuesta de flujograma, expuesta en la imagen 50, que permite la aplicación del procedimiento AvFucker de manera automatizada, y que será validado en el próximo capítulo.

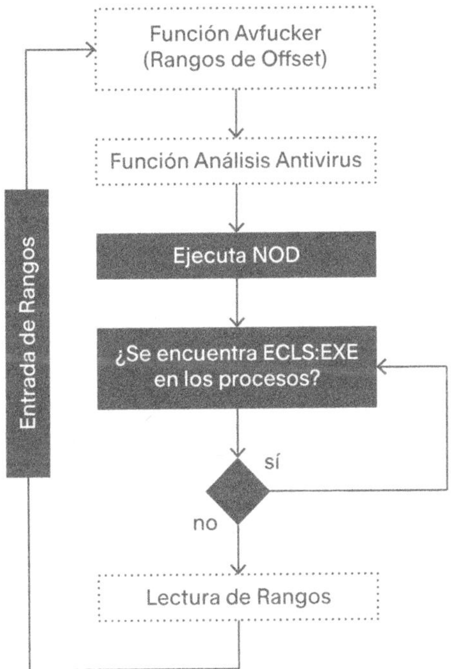

Imagen 49. Proceso de automatización para AvFucker.

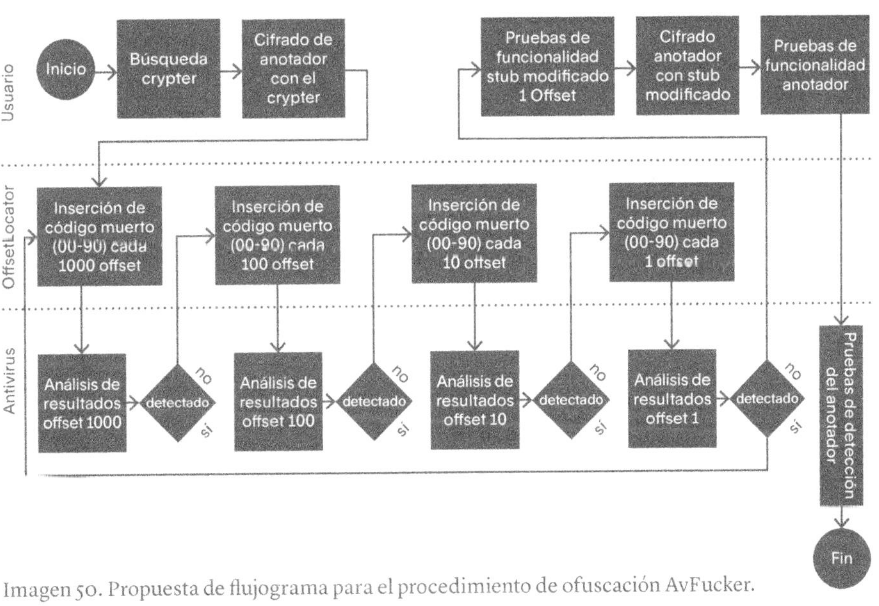

Imagen 50. Propuesta de flujograma para el procedimiento de ofuscación AvFucker.

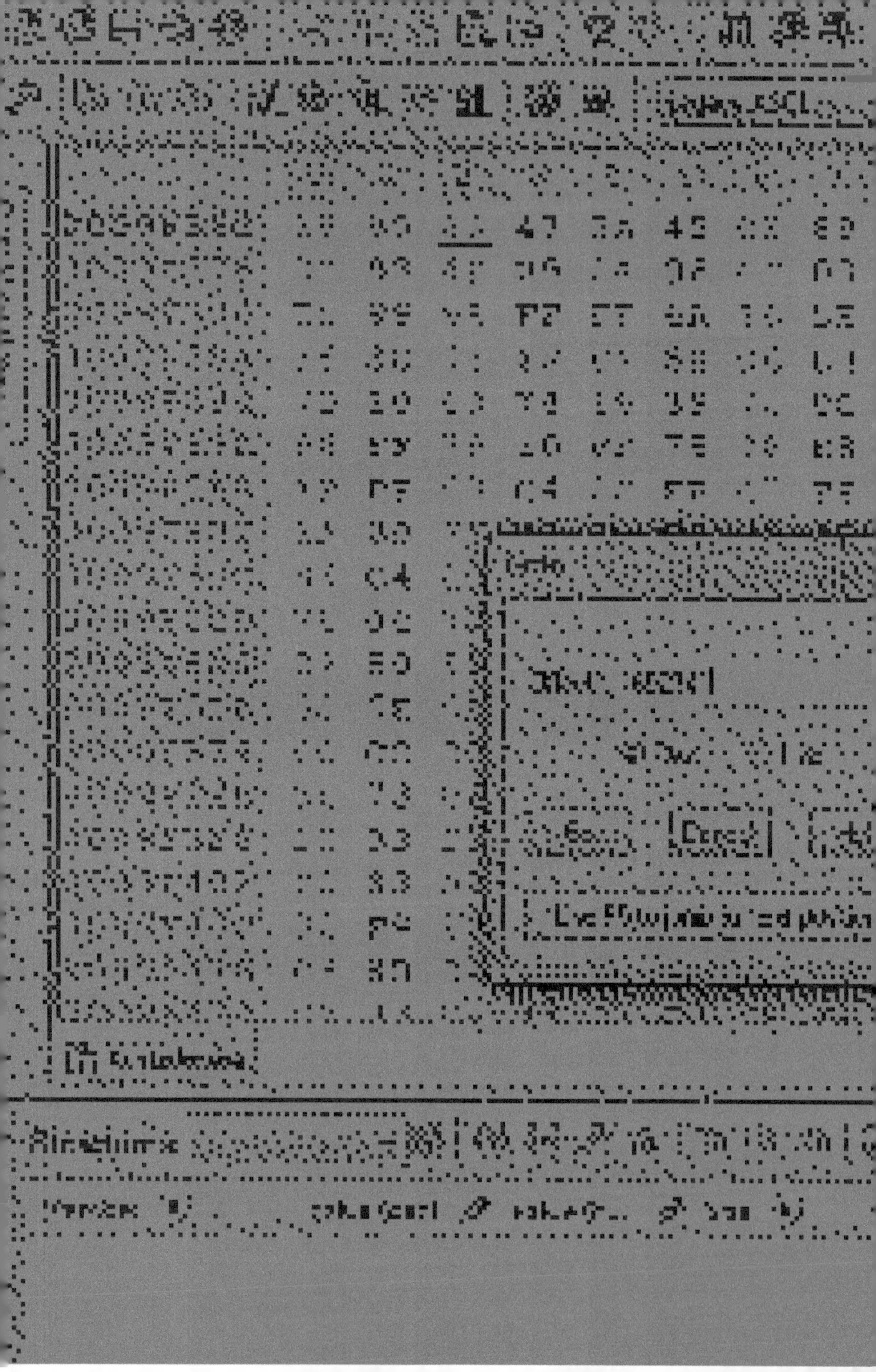

CAPÍTULO V

Validación del mecanismo de actualización para malware

5.1. Diseño Experimental

Con el fin de llevar a cabo los procedimientos de AvFucker y, posteriormente, la evaluación de los resultados, fue necesario el empleo de crypters (cinco), además de la implementación de una estructura tecnológica para realizar la validación pertinente. Los siguientes son los requerimientos técnicos empleados para la ejecución del experimento con un crypter:

- Hardware del equipo: Intel I7
- Sistema Operativo: Windows 7 Profesional
- Arquitectura: x64 Bits
- Memoria: 2 gb ram
- Antivirus: Antivirus (Software no libre) 12.1.31.0
- Anotador: muestra genérica, peso 24.576 bytes
- Programa: Python 2.7 librería Pywinauto
- OffsetLocator: versión 2.0
- Editor Hexadecimal
- AutoOffsetLocator: desarrollo propio
- Crypter: Lamborgini

Para graficar el procedimiento AvFucker empleamos el crypter denominado Lamborgini y el anotador Bolita, cuya única funcionalidad es enviar un mensaje que indica su correcta ejecución, tal como se representa en la imagen 51.

Imagen 51. Captura del crypter Lamborgini y anotador Bolita. Imagen de elaboración propia.

En la imagen 52 se evidencia que el crypter Lamborgini es detectado como malware y, a su vez, que la firma detectada posee el nombre de una variante de Packed.Autoit.FakeCode.A. En caso contrario, el anotador Bolita no sería detectado como malware, ya que como se muestra en la imagen 53, este no posee funcionalidades maliciosas.

Exploración del equipo

Registro de la exploración

Versión de la base de datos de firmas de virus: 16043

Hora: 8:01:34

Discos, carpetas y archivos explorados: C:\Users\crypt\Desktop\malwa\Lamborguini_Crypter\Lamborguini Crypter\Lamborguini Crypter\Stub.exe

C:\Users\crypt\Desktop\malwa\Lamborguini_Crypter\Lamborguini Crypter\Lamborguini Crypter\Stub.exe » AUTOIT » script.bin - una variante de Win32/Packed.AutoIt.FakeCode.A troyano

C:\Users\crypt\Desktop\malwa\Lamborguini_Crypter\Lamborguini Crypter\Lamborguini Crypter\Stub.exe » AUTOIT - archivo comprimido dañado

Cantidad de objetos explorados: 3

Cantidad de amenazas detectadas: 1

Cantidad de objetos desinfectados: 0

Tiempo restante: 8:01:35 Tiempo total de exploración: 1 seg (00:00:01)

Imagen 52. Análisis del stub del crypter. Imagen de elaboración propia.
Imagen de elaboración propia.

Imagen 53. Análisis del anotador Bolita, antes del procedimiento de ofuscación del crypter. Imagen de elaboración propia.

Del resultado obtenido, posterior al cifrado del anotador que empleó el crypter detectado Lamborgini, se genera un nuevo archivo anotador cifrado que mantiene sus funcionalidades originales junto con proporcionar un mensaje indicando su correcta ejecución. Sin embargo, el nuevo anotador cifrado es detectado como malware al coincidir su estructura con la del crypter. En otras palabras, el "nuevo anotador" posee la estructura de stub + cifrado, en la cual el stub encargado de decifrar el programa se detecta como malware. Lo anterior se debe a que el antivirus solo puede analizar este sector del nuevo anotador cifrado porque la otra parte se encuentra cifrada. En la imagen 54, se expone el caso en que el anotador cifrado posee la misma firma detectada en el análisis del crypter (variante de Packed.Autoit.FakeCode.A).

Imagen 54. Análisis del anotador cifrado detectado como malware.
Imagen de elaboración propia.

A su vez, se sube el nuevo anotador cifrado al sitio web de análisis, tal como se expone en la imagen 55, el cual posee un escáner online con más de 50 motores de antivirus, permitiendo registrar cuántas casas de antivirus logran detectar el stub del crypter. Cabe señalar que algunas de estas casas comparten bases de datos de firmas, por lo mismo, varias de estas pueden reconocer el malware como una misma variante. Con el fin de evadir ciertos antivirus, se ejecuta el procedimiento de ofuscación, cuyo resultado genera un malware con capacidad de evasión.

Imagen 55. Captura del sitio web VirusTotal con el anotador cifrado.
Imagen de elaboración propia.

La imagen 54 demuestra que el crypter se encuentra dentro de la base de datos de firmas del software antivirus, análisis que proporciona el sitio web de análisis de malware. A continuación, la imagen 56 muestra que el stub posee al menos una firma identificada (variante de Packed.Autoit.FakeCode.A).

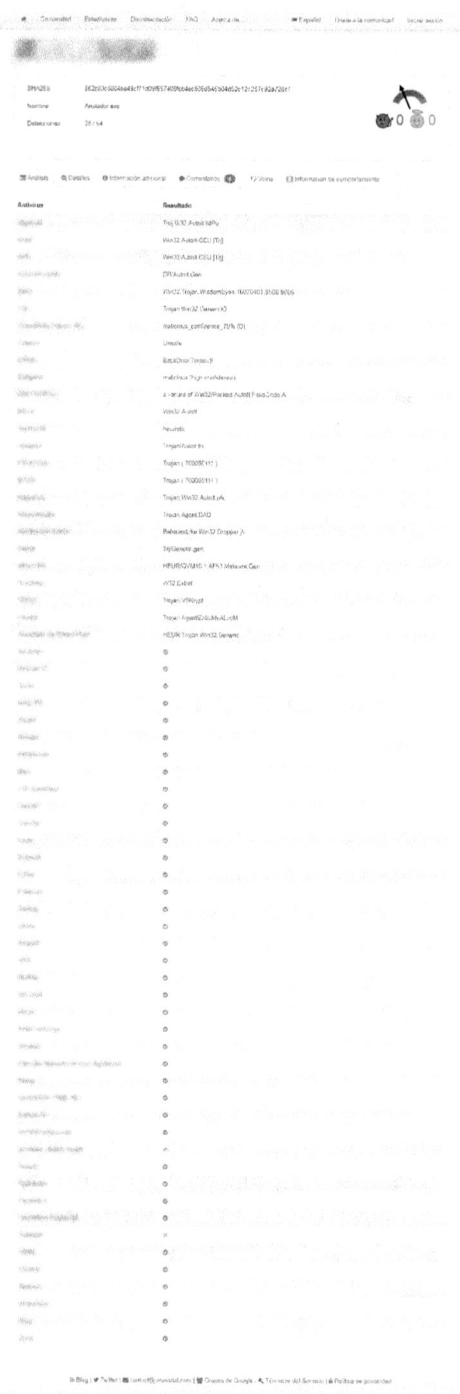

Imagen 56. Firma detectada por el antivirus v12.1.31.0 en sitio web de análisis.

De estas evidencias se concluye que requerido el procedimiento de ofuscación AvFucker se ejecute sobre el nuevo anotador cifrado, cuyo objetivo es encontrar el offset exacto que interrumpa la firma, se generan las muestras candidatas y se localiza la posición (offset) exacta en que se debe modificar, tal como se presenta en la imagen 57. Todo este procedimiento se realiza a través de la aplicación AutoOffsetLocator, desarrollada para optimizar la búsqueda, aun cuando ha sido programada a base de ensayo y error.

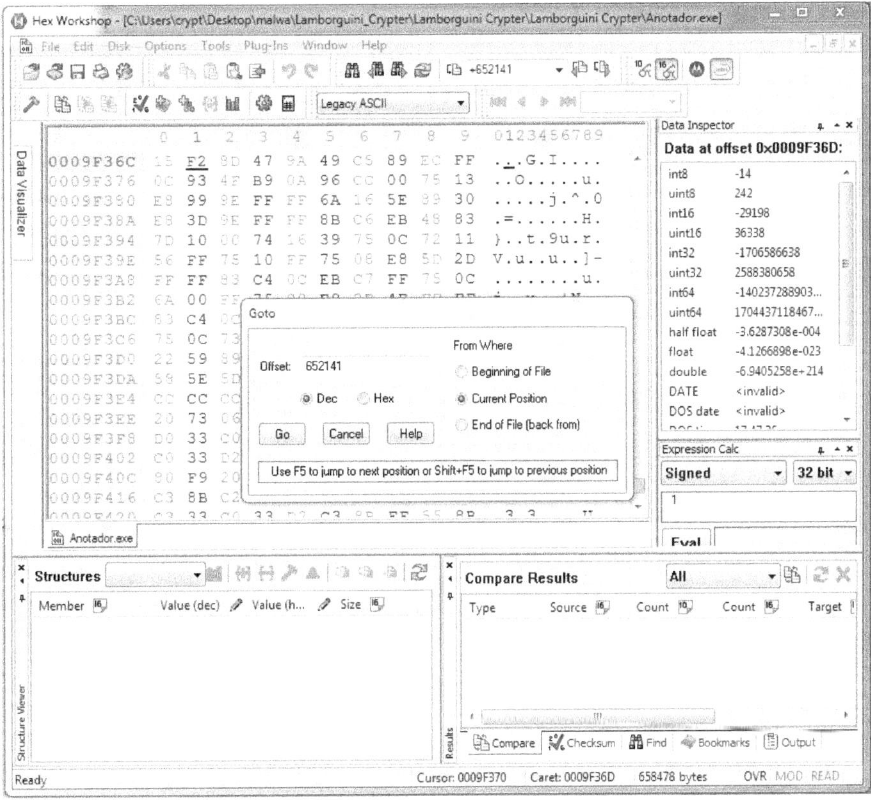

Imagen 57. Offset exacto que interrumpe la firma. Imagen de elaboración propia.

La tabla 7, presenta los datos obtenidos de las variables definidas que intervienen en el procedimiento de ofuscación AvFucker, aplicadas al crypter Lamborghini.

Tabla 7: Datos autooffsetlocator sobre crypter Lamborghini. Tabla de elaboración propia.

Nombre	Rangos de ofuscación bytes	Tiempo Total Horas/ Minutos/ Segundos	Ciclos	Espacio en disco duro MB	Latencia Horas/ Minutos/ Segundos	Archivos de salida	Interacción manual
Lamborghini Crypter	1000-100-10-1	00:10:12	11	409	00:08:43	621	220

Una vez que el offset candidato es modificado, como está expuesto en la imagen 58, se procede a reiterar el análisis al nuevo anotador cifrado, pero sin ser detectado como malware, tal como se muestra en la imagen 59.

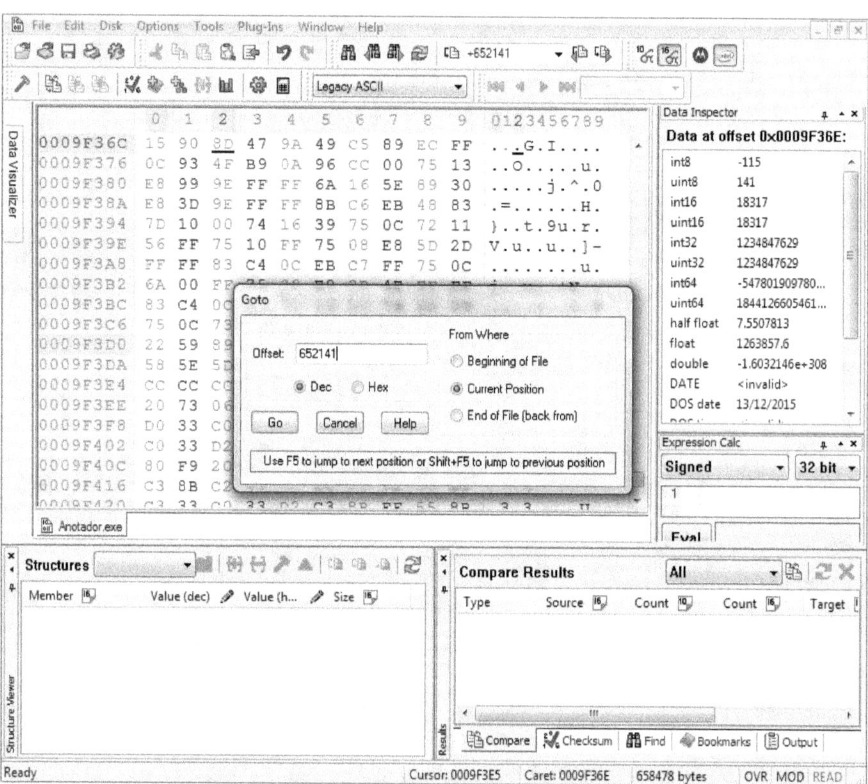

Imagen 58. Inserción de código muerto en offset candidato. Imagen de elaboración propia.

Exploración del equipo

Registro de la exploración

Versión de la base de datos de firmas de virus: 16044

Hora: 8:29:06

Discos, carpetas y archivos explorados: C:\Users\crypt\Desktop\malwa\Lamborguini_Crypter\Anotador Cifrado Ofuscado.exe

C:\Users\crypt\Desktop\malwa\Lamborguini_Crypter\Anotador Cifrado Ofuscado.exe = AUTOIT - archivo comprimido dañado

Cantidad de objetos explorados: 1

Cantidad de amenazas detectadas: 0

Tiempo restante: 8:29:10 Tiempo total de exploración: 4 seg (00:00:04)

Imagen 59. Análisis de anotador ofuscado con AvFucker. Imagen de elaboración propia.

De esta forma, se localiza el offset exacto en el stub del crypter que debe ser modificado. Una vez que la modificación del stub del crypter se completa, podrá cifrar cualquier archivo, en este caso malicioso, conservando sus funcionalidades originales, además con capacidad de evasión, para este caso del antivirus (Software no libre) 12.1.31.0.

Sobre la base de las ideas expuestas y con el fin de demostrar que la firma del código ha sido intervenida, se publica el archivo en la base de datos del sitio web VirusTotal. Como se muestra en la imagen 60, donde el antivirus ya no detecta la muestra como archivo malicioso. Atendiendo a estas consideraciones, cualquier archivo sospechoso publicado en este sitio se compara con todos los motores de antivirus que lo conforman. Por lo mismo, la identificación realizada por el antivirus dependerá exclusivamente de la base de datos de firmas que posea. De hecho, la comunidad Modders tiende a no testear los malwares en este tipo de sitios, ya que distribuyen las muestras que se analizan y los códigos sospechosos se comparten con las casas de antivirus asociadas, lo que ocasiona una disminución en la vida útil de los malware testeados.

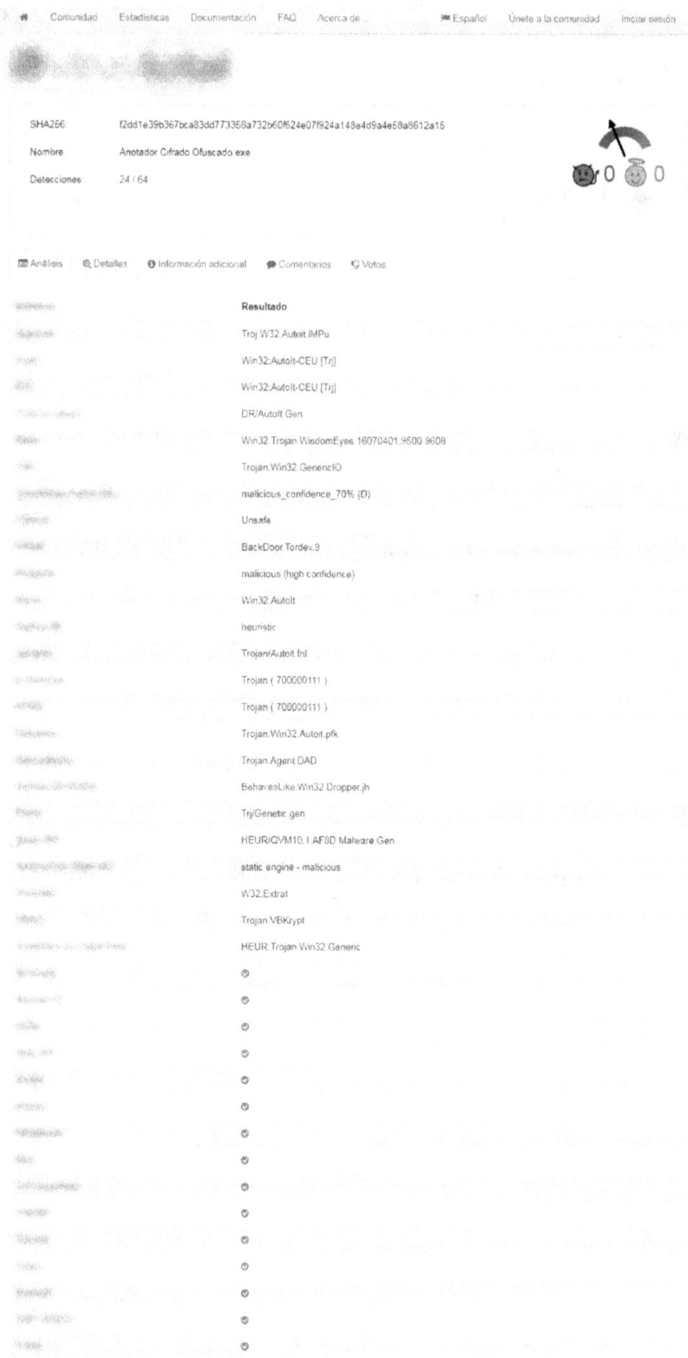

Imagen 60. Análisis de sitio web VirusTotal del anotador con AvFucker.
Imagen de elaboración propia.

5.2. Análisis de resultados

Para efectuar el análisis de resultados pertinente, se ejecutó el procedimiento de ofuscación AvFucker a 5 (cinco) crypter, que a pesar de presentar tamaños diferentes, fueron segmentados en tres tercios. De esta forma se puede identificar en cuál de los segmentos se presenta la firma, el rango de byte, el porcentaje correspondiente a firma dentro del código y el offset que permitió la ofuscación. En la tabla 8 se presentan los valores obtenidos y destacamos el segmento de firma en color.

Tabla 8. Datos de la firma de crypters ofuscados.

Nombre Crypter	Tamaño en bytes de la muestra	1er Tercio		2do Tercio		3er Tercio		Rango firma en bytes		% del tamaño de la firma	Offset ofuscado
Mega	254.564	-	84.855	84.856	169.709	169.710	254.564	204.547	218.664	5,55%	215.004
Dante	916.166	-	305.388	305.389	610.776	610.777	916.166	399.283	403.090	0,41%	401.214
Adriana Crypter	760.925	-	253.641	253.641	507.283	507.283	760.924	59.771	66.511	0,88	61.040
Banqueros Ladrones	127.307	-	42.435	42.435	84.871	84.871	127.307	4.102	7.592	2,74	4.302
Lamborgini	659.456	-	219.818	219.818	439.637	439.637	659.456	647.932	653.322	0,81%	652.141

Al mismo tiempo, por cada muestra se determinó en qué porcentaje se encuentra cada punto de ofuscación. Con el objeto de mostrar alguna tendencia, se exponen los datos en la siguiente tabla:

Tabla 9. Valor porcentual de los crypters ofuscados.

Nombre crypter	Tamaño bytes de la muestra	Offset ofuscado	% desde byte inicial al offset ofuscado
Mega	254.564	215.004	84,4%
Dante	916.166	401.214	43,7%
Adriana Crypter	760.925	61.040	8%
Banqueros Ladrones	127.307	4.302	3,3%
Lamborgini	659.456	652.141	98,8%

De igual manera, la tabla 10 expone los datos obtenidos de las variables definidas en la ejecución del procedimiento de ofuscación AvFucker.

Tabla 10. Datos obtenidos por Autooffsetlocator en función de las variables definidas.

Nombre crypter	Rangos de ofuscación	Tiempo Total Horas/Minutos/Segundos	Ciclos	Espacio en disco MB	Latencia Horas/Minutos/Segundos	Archivos de salida	Interacción manual
Mega	1000-100-10-1	00:10:02	22	361	00:08:01	1.421	440
Dante	1000-100-10-1	00:41:25	93	5.383	00:33:10	5.876	1.860
Adriana Crypter	1000-100-10-1	00:06:12	13	652,38	00:05:20	899	260
Banqueros Ladrones	1000-100-10-1	00:14:28	44	245,85	00:10:24	2.025	880
Lamborgini	1000-100-10-1	00:10:12	11	409	00:08:43	621	220

De los datos obtenidos se establecieron grupos como criterio de segmentación (1, 2 y 3), los que fueron divididos en partes iguales para efectuar un análisis que sea independiente del tamaño del archivo y así establecer una métrica de análisis, tal como se representa en la tabla 11.

Tabla 11. Grupos como críterios de segmentación de los crypter.

Nombre crypter	1 er Tercio		2 do Tercio		3 er Tercio		Offset ofuscado	Grupo
Mega	-	84.855	84.856	169.709	**169.710**	**254.564**	215.004	**2**
Dante	-	305.388	**305.389**	**610.776**	610.777	916.166	401.214	3
Adriana Crypter	-	**253.641**	253.641	507.283	507.283	760.924	61.040	1
Banqueros Ladrones	-	**42.435**	42.435	84.871	84.871	127.307	4.302	1
Lamborgini	-	219.818	219.818	439.637	**439.637**	**659.456**	652.141	**2**

A este respecto, se realizó un análisis descriptivo (univariable y bivariable) en función de los datos obtenidos del procedimiento de ofuscación, para lo cual se definieron los siguientes puntos:

- TBM: tamaño de la muestra [bytes].
- Firmaporcent: % del tamaño de la firma [valor].
- PosicionByte: offset ofuscado [valor].
- Inicioinser: % desde el byte inicial al offset ofuscado [valor].
- Total : tiempo total [minutos].

De acuerdo con los puntos definidos, es posible obtener los estadísticos descriptivos de la totalidad de los crypter análizados, según se presentan en la tabla 12. De esta forma, obtenemos un diagnóstico inicial univariado de los datos en estudio.

Tabla 12: Resumen estadístico descriptivo de los crypter analizados.

Estadístico descriptivo	TBM	Firmaporcent	PosicionByte	Inicioinser	Total
Mínimo	127.307	0,410	4.302	3,30	6,20
1er cuartil	254.654	0,810	61.040	8,00	10,03
Mediana	659.456	0,880	215.004	43,70	10,20
Media	543.684	2,078	266.740	47,64	16,46
3er cuartil	760.925	2,740	401.214	84,40	14,47
Máximo	916.166	5,550	652.141	98,80	41,42
Desv. Estándar	337.749,8	2,139	264.801,8	43,36	14,25

Como seguimiento de esta actividad, se efectúa un análisis bivariado, donde se realizan comparaciones entre las variables definidas para determinar la relación lineal entre ellas. Para ello se presenta la correlación de Pearson como indicador, incluyendo los histogramas respectivos para cada variable en estudio y su pertinente gráfico de dispersión bivariada, en donde el gráfico de dispersión matricial (SPLOM), representa un diagrama de dispersión bivariada (bajo la diagonal) y los colores correspondientes a los tres grupos de segmentación definidos (grupo 1 en rojo, grupo 2 en amarillo y grupo 3 en azul), según se representa en la imagen 61.

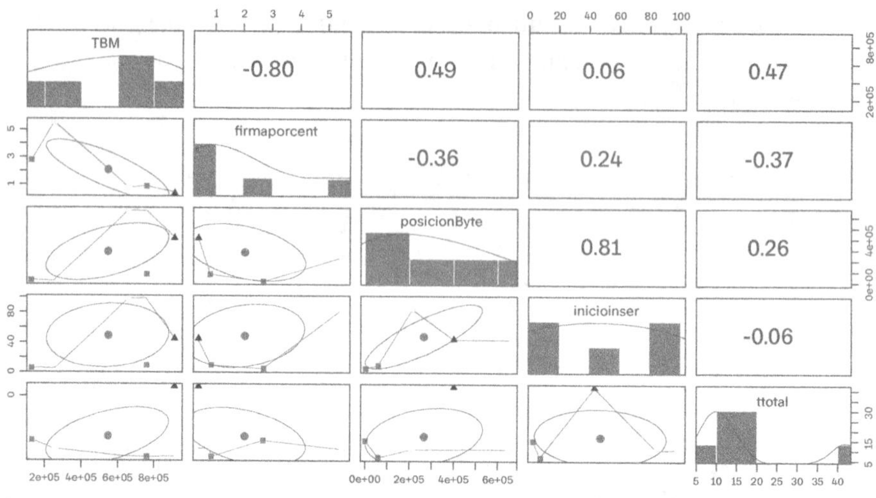

Imagen 61. Gráfico de dispersión matricial (SPLOM). Imagen de elaboración propia.

A partir de las evidencias descritas, se aplica la técnica de análisis discriminante, para determinar los posibles patrones a priori de los grupos de segmentación definidos, o se determine la cantidad de malware establecido, dentro del grupo determinado por la media de los grupos (tamaño del código) respecto al valor. Se logró obtener los siguientes datos expuestos en la tabla 13.

Tabla 13. Resumen de probabilidades a priori y medias grupales a partir de la variable TBM.

Grupos de segmentación	Probabilidad a priori de los grupos	Medias de los grupos
Grupo 1	0,4	444.116
Grupo 2	0,4	457.010
Grupo 3	0,2	**916.166**

En consecuencia, el coeficiente de discriminación lineal que representa la recta que discrimina los grupos, se determinó a partir de la variable independiente TBM, que es la única variable de entrada establecida para el análisis de esta investigación. Ver tabla 14.

Tabla 14. Coeficiente de discriminación lineal para la variable TBM.

Coeficiente de discriminación lineal	LD1
TBM	2.659.797e-06

En función de este resultado se obtiene la tabla 15, con los datos de clasificación a posteriori (predicción).

Tabla 15. Comparación de clasificación de grupos a priori y a posteriori. Tabla de elaboración propia.

Grupos de segmentación	Grupo 1	Grupo 2	Grupo 3
Grupo 1	**1**	1	0
Grupo 2	1	**1**	0
Grupo 3	0	0	**1**

Lo anteriormente expuesto permite establecer que la clasificación de los grupos 1 y 2 es efectiva al 50%, en cambio, para el grupo 3 se replicó al 100%. Extrapolando estos resultados a las variables de estudio, se estima que para muestras que posean características asociadas al grupo 3, se debe analizar desde el segundo tercio del tamaño de la muestra. Sin embargo, para muestras con características en los grupos 1 y 2, podría considerarse un análisis desde el primer y tercer tercio de la muestra, hacia el segundo tercio. Sobre la base de las ideas expuestas, es posible contribuir con la hipótesis de la investigación, al estimar a priori, que de preferencia, la búsqueda automatizada del offset para la ofuscación debiese efectuarse desde los extremos hacia el centro en el caso que el tamaño inferior a los 760.000 y para el caso de las muestras mayores a este tamaño, iniciarse desde el centro hacia los extremos.

Binario 1 Binario 2 Binario 3 Binario 4

Binario 5 Binario 6 Binario 7 Binario 8

[illegible]

[illegible]

[illegible]

[illegible]

Binario [illegible]

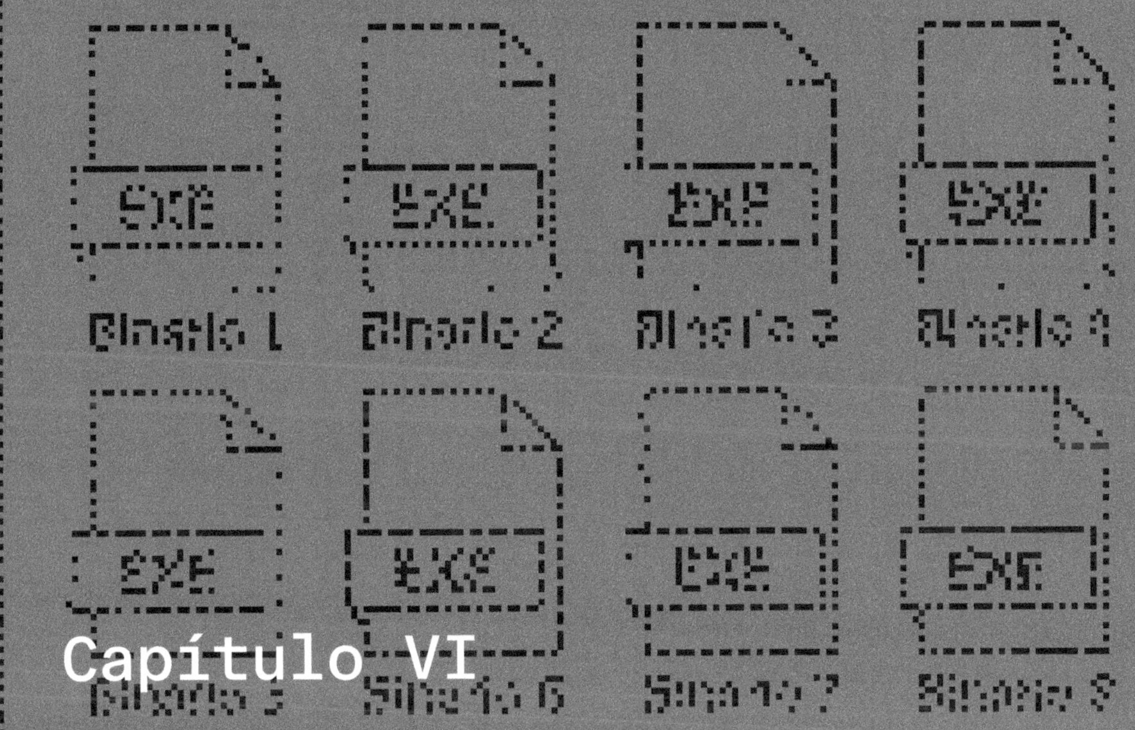

Capítulo VI

Procedimientos de ofuscación para malware con doble firma

6.1. DSPLIT

6.1.1. Procedimiento

Cuando nos enfrentamos a los resultados de la inserción de código muerto en el procedimiento de ofuscación AvFucker (respecto a funcionalidad y evasión) es necesario efectuar una comprobación final, para evaluar si el archivo presenta más de una firma detectada dentro de su estructura.

De ser ese el caso, se requiere realizar la combinación del procedimiento de ofuscación DSPLIT (cortar el archivo) y el AvFucker (inserción de código muerto), donde el primero se encarga de encontrar las firmas detectadas y el segundo de modificarlas. Tal como se representa en la imagen 62, el malware se corta con el propósito de ofuscar los trozos de manera gradual y así encontrar la primera firma.

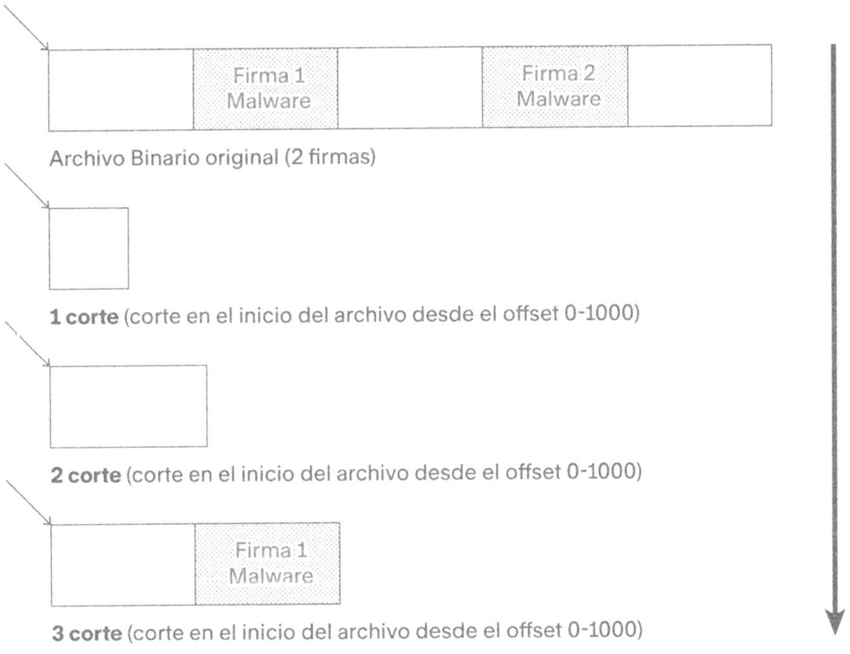

Imagen 62. Procedimiento DSPLIT primera firma. Imagen de elaboración propia.

Aplicando la misma lógica utilizada en el procedimiento AvFucker, es decir, desde 1.000 bytes hasta 1 byte, se particiona el binario desde su inicio. La generación de nuevos archivos se realiza dividiendo el código desde el offset 0 al 1.000, 0 al 2.000, 0 al 3.000 y así sucesivamente. Esto da como resultado la generación de "n" archivos, pero aun así, esto dependerá de la cantidad de offset que delimite el archivo original. De esta forma, cada archivo nuevo tendrá un peso superior al anterior, puesto que posee mayor información en su estructura binaria. Estos archivos no pueden ser funcionales al carecer de la estructura completa del archivo fuente original.

Al someter a análisis las nuevas muestras, se debe ubicar el primer archivo detectado (rango menor de offset) y el último no detectado (archivo más cercano al menor en rango de offset), puesto que estos son los límites del trozo de código identificado como la primera firma por el antivirus. Después, se aplica el procedimiento de ofuscación AvFucker, para que el malware adquiera la capacidad de evasión.

Como se detalla en la imagen 63, el último archivo sin detectar corresponde al rango de offset 0 al 2.000 y el primer archivo detectado se encuentra asociado al rango de offset 0 al 3.000. Por lo tanto, la primera firma se encuentra entre el rango 2.000 y 3.000, ya que son estos últimos 1.000 offset los que poseen una firma detectada por los AVs. De acuerdo con ello, solo el trozo de rango de 2.000-3.000 offset se considerará para el procedimiento de ofuscación (inserción de código muerto), que corresponde al sector del archivo donde la primera firma fue detectada por el antivirus.

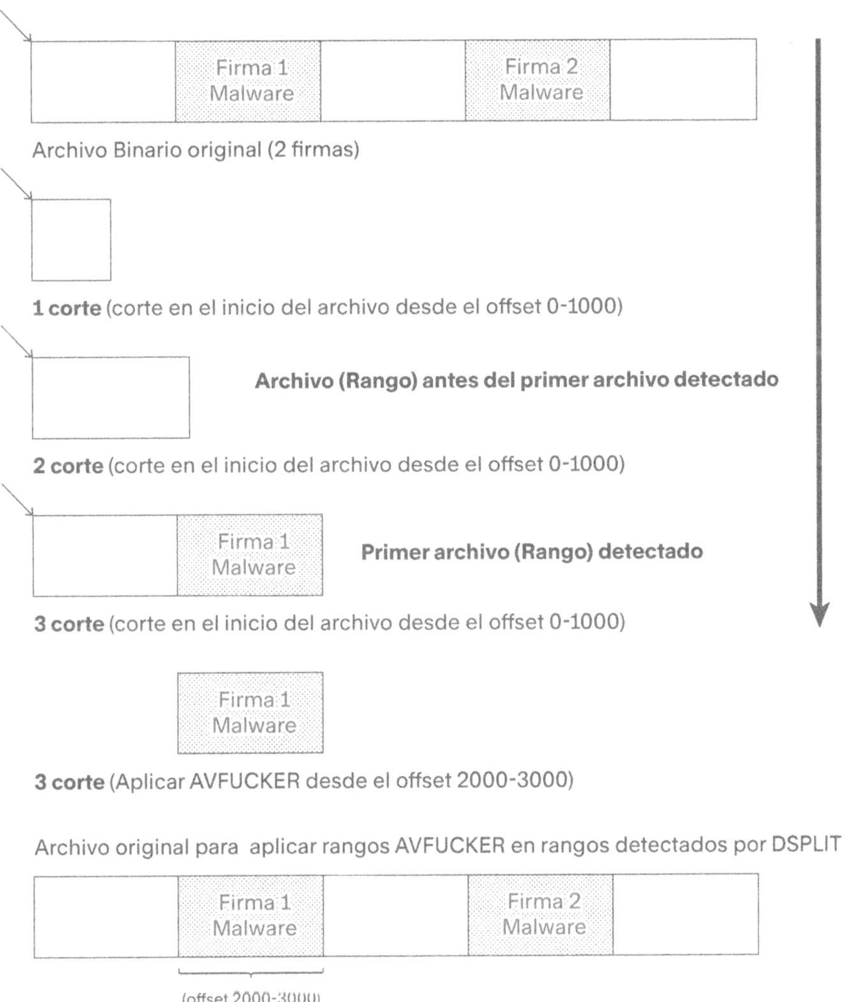

Imagen 63. Procedimiento DSPLIT segunda firma. Imagen de elaboración propia.

A modo de ejemplo se utilizan valores redondeados para comprender mejor el procedimiento al utilizar DSPLIT. Al emplear este procedimiento, al igual que con AvFucker, se requiere de un programa anotador, cuyo peso es de 10.000 bytes, que posee dos firmas detectadas como malware y que se encuentran en los rangos offset 3.000-4.000 y 8.000-9.000, respectivamente. Por ello, se efectúa el procedimiento DSPLIT para encontrar los dos rangos de offset, donde se pueda aplicar el AvFucker y posteriormente modificar los dos offset del archivo original.

6.1.2. Variables

Para generar la capacidad de evasión en un archivo con múltiples firmas, primero se requiere localizar las mencionadas firmas y luego proceder a insertar código muerto en los sectores que son identificados como malware.

Si se realiza este proceso en el archivo original, es decir, modificando los valores (AvFucker) en la parte identificada como primera firma, el archivo final siempre será detectado como malware. Esto ocurre porque existe más de un trozo de códigos detectado como código malicioso, requiriéndose la combinación de ambos procedimientos de ofuscación: AvFucker y DSPLIT.

Ahora bien, para realizar este procedimiento combinado, se debe trabajar con dos archivos: primero, en un archivo no funcional (trozo identificado como malware), el cual considera solo la información hexadecimal del archivo original. Esto considerando el ejemplo antes planteado, al rango offset 2.000-3.000 y el segundo archivo original funcional, que corresponde al archivo con más de una firma identificada como malware dentro de su estructura hexadecimal. Así, una vez aplicado DSPLIT se procede a ejecutar el procedimiento AvFucker sobre el archivo A (hasta alcanzar 1 byte, dependiendo del tamaño del archivo). Una vez que las muestras generadas se someten al análisis del antivirus, solo quedan los archivos que el antivirus no detecta como malware. Aun así, estas muestras no son consideradas funcionales, puesto que provienen de un solo trozo del archivo fuente original. La imagen 64, por ejemplo, expone el resultado del análisis por parte del antivirus, quedando solo 4 archivos no detectados como malware. Se deben considerar los valores de los offset modificados de estos 4 archivos, siendo dichos valores los requeridos para interrumpir la primera firma. Posteriormente, estos valores serán comparados con los resultados obtenidos, después de aplicar el procedimiento AvFucker en el archivo original.

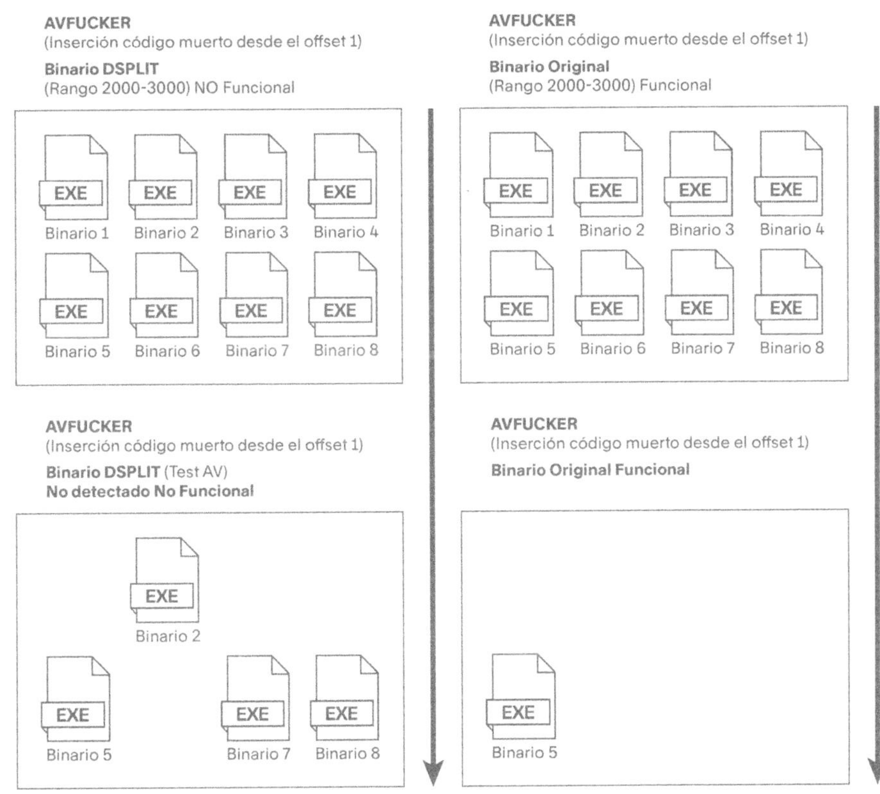

Imagen 64. Comparación de resultados DSPLIT primera firma. Imagen de elaboración propia.

En consecuencia, el segundo paso es la aplicación del procedimiento AvFucker en el archivo B (original funcional), pero solo en el rango detectado en la primera firma, offset 2.000-3.000. Ahora bien, si se analizaran los resultados entregados por el antivirus, todos serían detectados como maliciosos, debido a la presencia de la segunda firma en su estructura hexadecimal. Por ello, se requiere comparar los resultados anteriores y efectuar los cambios pertinentes. A modo de ejemplo, la imagen 65 presenta 4 archivos no detectados como malware (resultados A), donde los 4 offset se deben modificar del archivo original. Lo anterior se realiza por medio de la generación de una copia del archivo original por cada offset a modificar, para luego proceder a la realización de las pruebas de funcionamiento. No obstante, una vez realizada la ejecución del archivo, se revela que solo el offset de nombre Binario 5 mantiene la integridad del archivo fuente original.

Lo descrito anteriormente permite modificar el archivo fuente original de la primera firma, dando paso a la realización del mismo procedimiento de búsqueda de firmas, pero ahora con la segunda parte del archivo. La imagen 65 expone la segunda firma ubicada en el rango offset 4.000 - 5.000.

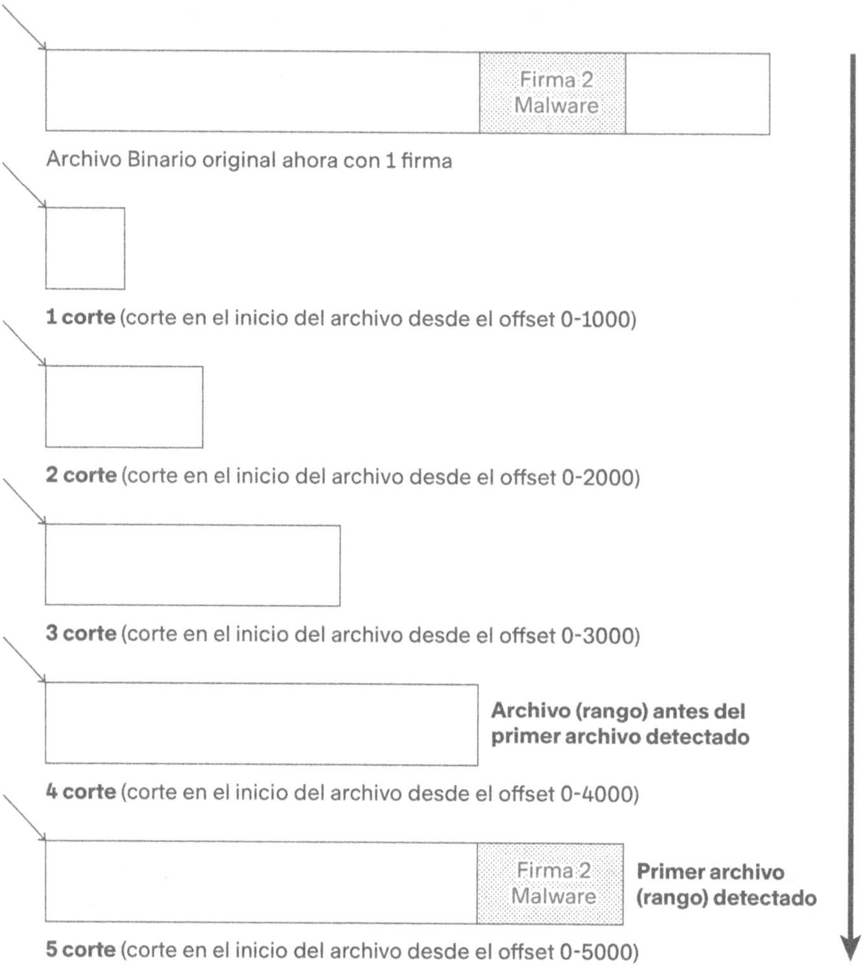

Firma 2 Malware

Archivo Binario original ahora con 1 firma

1 corte (corte en el inicio del archivo desde el offset 0-1000)

2 corte (corte en el inicio del archivo desde el offset 0-2000)

3 corte (corte en el inicio del archivo desde el offset 0-3000)

Archivo (rango) antes del primer archivo detectado

4 corte (corte en el inicio del archivo desde el offset 0-4000)

Firma 2 Malware

Primer archivo (rango) detectado

5 corte (corte en el inicio del archivo desde el offset 0-5000)

Imagen 65. Procedimiento DSPLIT deteccción de la segunda firma. Imagen de elaboración propia.

Al igual que el procedimiento anterior, la aplicación del procedimiento DSPLIT sobre el archivo, permite conocer el rango de la segunda firma. Pero, además, este procedimiento requiere la búsqueda del offset exacto que interrumpe la segunda firma detectada, necesitan de igual forma la aplicación del procedimiento de ofuscación AvFucker.

6.3. División binaria (Dicotómica)

6.3.1. Procedimiento

En la búsqueda de disminuir el número de muestras analizadas, es necesario investigar otra estrategia para dividir el archivo fuente compilado e insertar código muerto. Es decir, posterior a la primera inserción del código muerto dentro del archivo, el binario se encuentra reducido y en condiciones de llevar a cabo el procedimiento AvFucker. Una vez ejecutado, se obtiene como resultado un número menor de muestras que inspecciona un motor de antivirus específico. Sin embargo, al aplicar este procedimiento se debe considerar la cantidad de divisiones que se realizan, puesto que podrían incrementar el valor de las variables en la ejecución realización del procedimiento de ofuscación, tal como se muestra en la imagen 66.

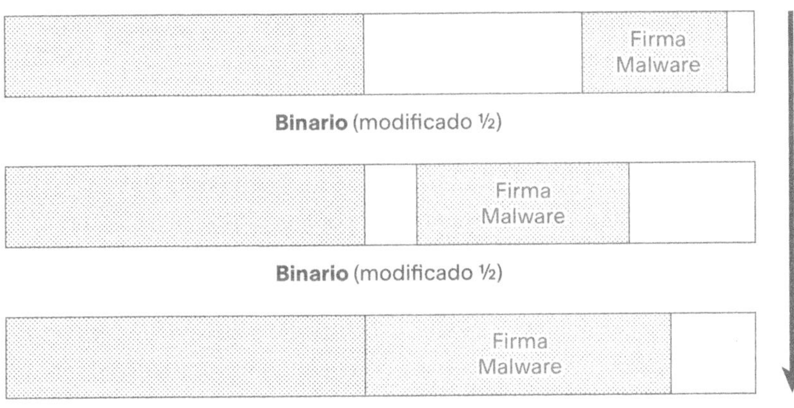

Imagen 66. Procedimiento de división binaria. Imagen de elaboración propia.

6.3.2. Excepción a la división binaria

En el caso de que el elemento que buscamos sea menor al ubicado en la mitad del archivo, se puede concluir que el elemento por identificar se localiza en la mitad inferior de la tabla. Por otra parte, si el elemento es mayor, es porque este se localiza en la mitad superior. En el caso de que sea igual, se da por finalizada la búsqueda, puesto que se ha encontrado el elemento. Siguiendo esta misma lógica, se puede proceder en la búsqueda del elemento sin necesidad de conocer dónde se encuentra. Sin embargo, en ocasiones, no será tan fácil, porque cabe la posibilidad de que la firma detectada se encuentre justo en la mitad del corte, lo que implicaría que ambos archivos generados se detectaron como malware. En tal caso, se propone dividir la estructura del malware en 3 partes, con el fin de aislar la firma del malware dentro de los tercios de archivos generados, tal como se muestra en la imagen 67.

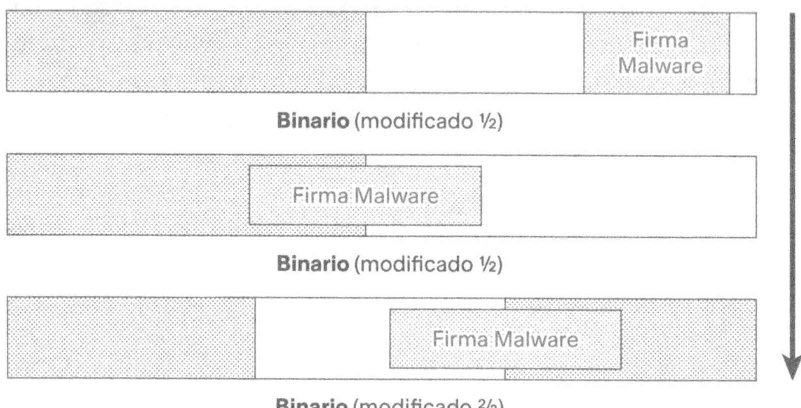

Imagen 67. División del archivo fuente. Imagen de elaboración propia.

Cabe señalar que existen condiciones previas necesarias para la ofuscación del código malicioso, las cuales también traen consigo posibles consecuencias por el uso de un crypter. Por un lado, el espacio del disco requerido para llevar a cabo la ofuscación del malware se ve disminuido por el uso de esta técnica binaria, ya que inicialmente se requiere de una capacidad de 4.323.302.913 bytes (4,3 Gbytes) para el procedicimiento AvFucker. Por otro lado, el tiempo de análisis también se ve afectado, debido a la reducción de la muestra. Por una parte, se estimaron 9.609 segundos (160 minutos) para el procedimiento AvFucker; mientras que para el procedimiento de División Binaria, la estimación fue de 580 segundos (9,7 minutos). Por lo tanto, el tiempo total del análisis se redujo en un 93%.

La cantidad de muestras para el análisis dependerá de la posición de la firma detectada, siendo necesario el uso del procedimiento AvFucker, como una constante, sobre todo cuando la División Binaria detecte ambas partes del código como maliciosas. En caso de que esta condición se cumpla, es necesario determinar si la división debería ser binaria o, por el contrario, si se requiere de una división del archivo en un mayor número de partes, con el fin de evitar dicha condición. Siendo esta condición representada en la imagen 68, en donde las dos muestras generadas son detectadas como malwares, porque cada una ha sido parte de una firma detectada.

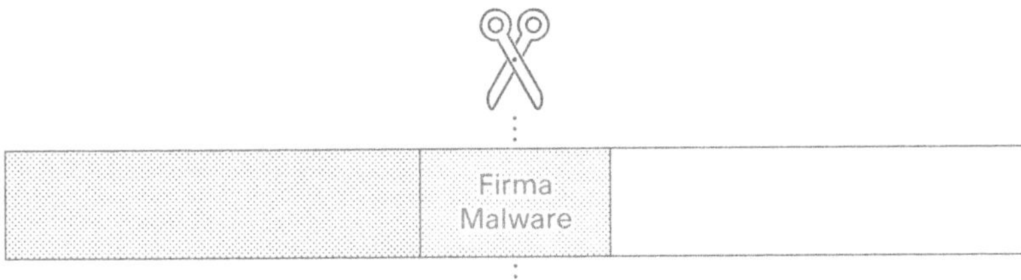

Imagen 68. Firma en ambas muestras (Binario Dividido). Imagen de elaboración propia.

Si las condiciones anteriores se presentan en malwares, se requiere incrementar el número de divisiones del archivo original, el cual debe ser diseccionado en tres, cuatro o el número de partes que sean necesarias, dependiendo de la magnitud de la firma. Esto permitirá alcanzar el punto apropiado para posteriormente aplicar el procedimiento AvFucker.

El propósito final de esta técnica es dividir de manera binaria para que la sección que se lleve a cabo se localice cerca de la firma, sin que por ello el procedimiento de ofuscación se vea afectado. De ahí que al aplicar esta técnica se generen menos muestras para analizar y se reduzcan los tiempos de inspección.

6.3.2.1. Variables

El tiempo de análisis propuesto para esta técnica dependerá del tiempo de firma que posea el código malicioso, particularmente porque este se distribuye en binarios y sus extensiones. De manera similar, cada muestra de análisis genera una latencia, claramente incrementada si es mayor el número de muestras.

Otras consecuencias esperadas por el uso de este procedimiento es emplear una menor cantidad de espacio en el disco, lo que permite acceder más eficientemente a las posiciones de la memoria no volátil.

En caso que el patrón sea considerado como un código malicioso Tool.Crypter.EB, con un tamaño de 2.097.152 bytes y una firma de un área de 1.024 bytes, es posible generar un número límite de muestras, tal como se ve en la tabla 16.

Tabla 16. Número de muestras producidas por el procedimiento División Binaria.

N° Iteración	Tamaño inicial (bytes)	Tamaño final (bytes)	N° de muestras
1	2097152	1048576	2
2	1048576	524288	2
3	524288	262144	2
4	262144	131072	2
5	131072	65536	2
6	65536	32768	2
7	32768	16384	2
8	16384	8192	2
9	8192	4096	2
10	4096	2048	2
11	2048	1024	2
Total de muestras para el análisis.			22

Como se puede observar, la técnica aplicada considera la División Binaria hasta el límite de la firma, con el fin de que en la última división, el antivirus detecte una parte de esta como libre de malware y la otra que contenga la detección de la firma.

Conclusiones

El escenario planteado en el capítulo I nos llevó a desarrollar un modelo conceptual de la clasificación de los malware desde la perspectiva de la ofuscación, pese a la escasa información académica formal disponible, especialmente en lo que respecta a la evasión de los sistemas de protección de información, sean estos antivirus o antimalwares. Esta carencia, si bien resulta evidente y hasta comprensible, no impidió que se obtuviesen antecedentes de fuentes abiertas (foros, blogs), en las que se comparte información, aunque en algunos casos ella se encontrase encriptada.

Desde la perspectiva del ciberespacio y los malwares como principales amenazas, se presentó una base conceptual y un estado del arte (capítulos II y III), lo que permitió fundamentalmente considerar la seguridad de la información para la protección de la infraestructura crítica, para la cual a menudo es el Estado mismo quien se asocia con alguna empresa extranjera, la cual obtiene, una vez convertida en empresa nacional, todas las garantías deseables y un clima general de cooperación, generando vulnerabilidad en la mayoría de los casos. Por otra parte, se pudo observar que América Latina no aplica en su propio beneficio los resultados de la investigación científica ya conocida respecto del tema, por la sencilla razón de que estas mismas escasean y, en consecuencia, se condena a padecer la tecnología de los países desarrollados, lo que castiga y desplaza los desarrollos locales, no pudiendo hasta ahora crear una técnologia propia para sustentar y defender la generación de una autarquía tecnológica que permita evitar una subordinación de medios técnicos principalmente en materia de ciberseguridad.

Por otro lado, se presentó un modelo conceptual (capítulo IV) que permite clasificar los malware desde la perspectiva de la ofuscación, considerando su clase, tipo y generación y, junto con ello, la capacidad de comportamiento, ocultamiento y evasión que estos poseen. Por otra parte, fue posible construir una aplicación tecnológica (capítulo V), que permitió automatizar el proceso de ofuscación del malware, desarrollado habitualmente de forma manual, lo que impactó positivamente en el empleo de los recursos técnicos, económicos, funcionales y de tiempo, lo cual sin duda contribuye al fortalecimiento de un Sistema de Gestión de Seguridad de la Información.

La etapa de validación (capítulo VI y anexo 1) por medio de la simulación, en tanto, estaba destinada a demostrar que tanto la aplicación tecnológica como los modelos conceptuales que le sirven de respaldo, estaban en condiciones no solo de reflejar la realidad que habitan los malware, sino también de modificarla. Esta etapa probó que era posible automatizar el proceso manual de ofuscación mediante pruebas como las que se reseñaron en el capítulo correspondiente. De estas evidencias, cabe poner de relieve un elemento a lo menos tan importante como el que hemos destacado aquí. Nos referimos al hallazgo que trajo consigo el trabajo de automatización, a saber, la presencia de malwares con doble firma, lo que nos llevó a contemplar la posibilidad de automatizarlos, tal como habíamos hecho con la especie estudiada a lo largo del trabajo. Este procedimiento -que permite evadir la detección de los antivirus- se basa en una técnica denominada DSPLIT, que consiste, como se explica en el capítulo respectivo, en un sistema que interactúa con la barrera de protección mayor ofrecida por las casas de antivirus. Así, todo ello se conjugó en una propuesta de optimización de la herramienta de automatización que la investigación propuso, pero esta vez aplicada a esta nueva versión de malware.

Todos los aspectos reseñados anteriormente permitieron probar que es posible desarrollar una aplicación tecnológica que *automatice* los procesos de ofuscación, los que hasta la fecha se realizan de modo manual, esto es, caso a caso. Los modders de malwares trabajan manualmente estos procesos, lo que implica una gran cantidad de horas hombre, además de los recursos informáticos y del riesgo que todo ello implica. Además de lo anterior, es importante subrayar que los programas de antivirus que se ofrecen al público proporcionan un tipo de seguridad básica, a juzgar por la categoría y sofisticación que han alcanzado los malwares. Producir un malware no es más difícil que producir cualquier artículo material o cualquier aplicación informática de baja complejidad. Esto significa que por un costo muy bajo es posible causar daños, cuya reparación requerirá del uso de gran cantidad de recursos. Esta desproporción entre la capacidad de provocar daño y la de repararlo, pone de relieve que la protección de la infraestructura crítica y de información de un país no es un asunto que esté resuelto. Más aún, las barreras físicas han pasado a ser, en esta perspectiva, irrelevantes. Es un hecho que información extremadamente sensible se mueve con las personas fuera del radio de acción de las barreras destinadas a protegerla. Hemos demostrado en este análisis que la posibilidad de ofuscar, es decir, de disfrazar amenazas informáticas, es en principio bastante sencillo. Se trata de un trabajo de complejidad media al alcance de personas con destreza (esto incluye a los autodidactas) en programación y técnicas de ofuscación.

Bibliografía

Ammann, C. (2012). Implementation of a PE-Crypter. *Nullsecurity*. Disonible en: https://www.exploit-db.com/docs/english/18849-hyperion-implementation-of-a-pe-crypter.pdf.

Ammar Ahmed E., Elhadi Mohd Aizaini Maarof y Ahmed Hamza Osman. (2012). Malware Detection Based on Hybrid Signature Behaviour Application Programming Interface Call Graph. *American Journal of Applied Sciences*, (9) 283- 288.

Avast Antivirus Gratuito, 2018. Disponible en: https://www.avast.com/.

Bailey, M., Oberheide, J., Andersen, J., Mao, Z. M., Jahanian, F., y Nazario, J. (2007). Automated Classification and Analysis of Internet Malware. En: *Recent Advances in Intrusion Detection*, (pp. 178-197), Berlín, Alemania: Springer.

Balakrishnan A. y Schulze C. (2005). *Code Obfuscation Literature Survey*. Madison, EEUU: University of Wisconsin.

Barría, C., Cordero D., Cubillos C. y Palma M. (2016). Proposed Classification of Malware, Based on Obfuscation. *IEEE Xplore*, DOI: 10.1109/ICCCC.2016.7496735.

Barría, C., Cordero, D. Cubillos C. y Palma M. (2017). Obfuscation Procedure Based in Dead Code Insertion into Crypter. *IEEE Xplore*, DOI: 10.1109/ICCCC.2016.7496733.

Bashari, B., Masrow, M. and Ibrahim, S. (2012) Camouflage in Malware: From Encryption to Metamorphism. *International Journal of Computer Science and Network Security*, Vol. 12, N°8.

Bazrafshan, H. Hashemi, S. M. H. Fard and A. Hamzeh. (2013). A Survey on Heuristic Malware Detection Techniques. Information and Knowledge Technology (IKT), 2013 5th Conference, pp. 113-120 DOI: 10.1109/IKT.2013.6620049.

Carr, J. (2010). *Inside Cyber Warfare: Mapping the Cyber Underworld*. California: O'Reilly Media Inc.

Castillo, S. (2012). Vulnerabilidades y software malicioso. *II Congreso sobre las nuevas tecnologías y sus repercusiones en el seguro: internet, biotecnología y nanotecnología*, pp. 97-113.

Caton, J. L. (2015). *Army Support of Military Cyberspace Operations: Joint Contexts and Global Escalation Implications*. EEUU: The United States Army War College.

Centro Superior de Estudios de la Defensa Nacional. (2012). *El ciberespacio. Nuevo escenario de confrontación*. Madrid: Ministerio de Defensa, Secretaría General Técnica.

Christodorescu M. y Jha, S. (2003), Static Analysis of Executables to Detect Malicious Patterns. *12th USENIX Security Symposium*, pp. 169-186.

Cohen, F. (1984), Computer Viruses. Theory and Experiments. *Computers & Security 6*, pp. 22-35.

Comité Interministerial sobre Ciberseguridad. (s.f.), CICS. Disponible en: http://ciberseguridad.interior.gob.cl/el-cics/

Constitución Política de la República de Chile (2015). Disponible en: http://bcn.cl/1lzdy

Council of Europe. (2001). *Convenio sobre la ciberdelincuencia*. Budapest, Hungría.

Darczewska, J. (2014). The Anatomy of Russian Information Warfare. The Crimean Operation, A Case Study. *Point of View* (42), 13.

Deloitte Advisory. (2013). Ciberseguridad es su negocio, Deloitte, Madrid. Disponible en: https://www2.deloitte.com/content/dam/Deloitte/es/Documents/governance-risk-compliance/Deloitte_ES_GRC_Ciberseguridad.pdf.

Department of Defense. (2015). The Department of Defense Cyber Strategy. The Secretary of Defense, Department of Defense, EEUU.

División Doctrina del Ejército de Chile, (2014). *El ciberespacio en el contexto de la OTAN y la UE*. Santiago, Chile.

Egele, M., Scholte T., et al., (2012). «A Survey on Automated Dynamic Malware Analysis Techniques and Tools», *ACM Computing Surveys,* N° 6. Disponible en: https://doi.org/10.1145/2089125.2089126 DOI: 10.1145/2089125.2089126,

Ejército Nacional de Colombia. Comando de transformación del Ejército, Centro de análisis estratégico ejército del futuro Bogotá, transformación militar 2018, *Revista de difusión y análisis* N° 3.

Erquiaga, M. (2011). Botnets: Mecanismos de control y de propagación, *CACIC* 2011-XVII Congreso argentino de ciencias de la computación, pp. 1076-1085. Buenos Aires, Argentina: Universidad Nacional de la Plata.

Filiol, E. (2005). *Computer Viruses: From Theory to Applications*, Francia: Springer.

FireEye. (2013). *The Need for Speed: Incident Response Survey*. EEUU: Information Security Media Group.

Galeano, E. (2015). *Las venas abiertas de América Latina* (Cuarta ed.). Ciudad de México, D.F., México: Siglo XXI.

Gandotra, E., Bansal, D. y Sofat, S. (2014) Malware Analysis and Classification: A Survey. *Journal of Information Security*, 5, 56-64. DOI: 10.4236/jis.2014.52006.

Garetto, M., Gong W. y Towsley D. (2003). Modeling Malware Spreading Dynamics, IEEE, INFOCOM. *Twenty-second Annual Joint Conference of the IEEE Computer and Communications Societies* DOI: 10.1109/INFCOM.2003.1209209.

Getu, T. A. (2010). *Comparision and Benchmarking of Automatic Malware Unpacking Techniques*, Politécnico di Milano, Italia.

Gibson, W. (1984). *Neuromante*. EEUU: Ace Books.

Gostev, A. (2012). "The Flame: Questions and Answers". En Kaspersky Secure List. Disponible en https://securelist.com/the-flame-questions-and-answers/34344/

Greene, J. (2016). Microsoft Shores Up Its Cyberattack Defenses. *The Wall Street Journal.* NY, EEUU.

Hadnagy, C. (2010). *Social Engineering: The Art of Human Hacking*. Indianapolis, EEUU: Wiley Publishing.

Harari, Y. N. (2016). *Homo Deus*. Santiago, Chile: Penguin Random House.

Hernández-Ardieta, J., Santos, D., Parra, P., Tapiador, J., Peris-López, P., López, J. y Fernández, G. (2014). An Intelligent and Adaptive Live Simulator: A New Concept for Cybersecurity Training. *9th Future Security Conference*. España: Universidad de Málaga.

Hex Workshop Hex Editor v6.8.0 Disponible en: http://www.bpsoft.com/downloads/.

Ilsun Y. y Kangbin Y., (2010). Malware Obfuscation Techniques: A Brief Survey, *Proceedings of the Fifth International Conference on Broadband and Wireless Computing, Communication and Applications*. Japón: Fukuoka Institute of Technology. DOI: 10.1109/BWCCA.2010.85.

Informatica Hoy. (2012). Los virus informáticos más famosos de la historia. Disponible en: http://www.informatica-hoy.com.ar/:http://www.informatica-hoy.com.ar/historia-de-la-computadora/Los-virus-informaticos-mas-famosos-de-la-historia.php.

Instituto Nacional de Normalización. NCH-ISO 27001. (2013). Detection via Maximal Patter (Segunda). Santiago, Chile.

ISACA. COBIT 5. (2012). Estados Unidos: ISACA.

Islam, R., Tian, R., Moonsamy, V., y Batten, L. (2012). A Comparison of the Classification of Disparate Malware Collected in Different Time Periods, 7 (6). DOI: 10.4304/jnw.7.6.946-955.

Konstantinou, E. (2008) Metamorphic Virus: Analysis and Detection, RHUL-MA-2008-02, Londres: University of London.

Kumar Agarwal, S. and Shrivastava, V. (2013). BASIC: Brief Analytical Survey on Metamorphic Code. *International Journal of Advanced Research in Computer and Communication Engineering*, Vol. 2, Issue 9.

Kurzweil, R. (1999). *La era de las máquinas espirituales*. Barcelona, España: Planeta.

León, G. P. (2017). Centro de Estudios e Investigaciones Militares, Ejército de Chile, *Escenarios actuales*, año 22, N° 2.

Li, J., Xu, M., Zheng, N., y Xu, J. (2009). Malware Obfuscation Detection via Maximal Patterns. 324-328. Nanchang, China: IEEE. DOI: 10.1109/IITA.2009.109.

Libicki, M. (2011). Chinese Use of Cyberwar as an Anti-Access Strategy. The Rand Corporation. Disponible en: https://www.rand.org/pubs/testimonies/CT355.html.

Mathur, K. y Hiranwal, S. (2013). A Survey on Techniques in Detection and Analyzing Malware Executables. 3, 4, 422. (IJARCSSE, Recopilador) International Journal of Advanced Research in Computer Science and Software Engineering. Disponible en: https://www.semanticscholar.org/paper/A-Survey-on-Techniques-in-Detection-and-Analyzing-Mathur-Hiranwal/981a2d5e21cfee04f04428f3a6d6b5db66cf30e2.

Milošević, N. (s.f.). History of Malware. Computer Security. Disponible en: http://arxiv.org/pdf/1302.5392.pdf.

Mimoso, M. (2015). Attacks Against Critical Infrastructure Seek Operational Intelligence. Threat Post. Disponible en: https://threatpost.com/attacks-against-critical-infrastructure-seek-operational-intelligence/111244/.

Mingo, Herramienta Offset Locator 2.6, (2011), Disponible en: https://www.indetectables.net/viewtopic.php?p=265156.

Ministerio del Interior y Seguridad Pública. Crea Comité de Ciberseguridad. Decreto 533. (2015) Disponible en htpp://www.leychile.cl/Navegar?idNorma=1079608&idParte=

Ministerio del Interior y Seguridad Pública y Ministerio de Defensa Nacional. (2015) Bases para una política nacional de ciberseguridad. Disponible en https://www.ciberseguridad.gob.cl/media/2015/12/Documento-Bases-Pol%C3%ADtica-Nacional-sobre-Ciberseguridad.pdf

Mishra, B. K. y Prajapatib, A. (2013). Modelling and Simulation: Cyber War, *Procedia Technology*, Vol. 10, 987- 910. India: Elsevier. Disponible en: https://www.researchgate.net/profile/Apeksha_Prajapati2/publication/275539152_Modelling_and_Simulation_Cyber_War/links/5655c32c08aefe619b1b9d2f.pdf

Moore, T., Friedman A. y Procaccia A. (2010). Would a 'Cyber Warrior' Protect Us? Exploring Trade-offs Between Attack and Defense of Information Systems, Center for Research on Computation & Society, Cambridge: Harvard University. DOI: 10.1145/1900546.1900559.

Murad, K., Noor-ul-Hassan, S., Bin Zikria Y. y Ikram, N. (2010). Evading Virus Detection Using Code Obfuscation. National University of Science and Technology (NUST), Islamabad, *Lecture Notes in Computer Science,* Vol. 6485, pp. 394-401, Springer.

Naciones Unidas. (s.f.). Repertorio de la práctica seguida por el consejo de seguridad. Disponible en: http://www.un.org/es/sc/repertoire/actions.shtml#rel9.

Navarro, G. (2009). Estructuras de datos compactas. Disponible en: https://users.dcc.uchile.cl/~gnavarro/tutorial.pdf.

Nissim, N., Moskovitch, R., Rokach, L. y Elovichi, J. Novel Active Learning Methods for Enhanced PC malware detection in windows OS. (2014). *Expert Systems with Applications*, 41(13):5843-5857, Elsevier. Disponible en: http://dx.doi.org/10.1016/j.eswa.2014.02.053.

Novel Active Learning Methods for Enhanced PC Malware Detection in Windows OS. (2014). Expert Systems with Applications, 41(13):5843 – 5857. http://dx.doi.org/10.1016/j.eswa.2014.02.053.

Oyama, Y., Giang, T.T.D., Chubachi, Y., y Shinagawa, T. y Kato, K. (2012). Detecting Malware Signatures in a Thin Hypervisor. *Proceedings of the ACM Symposium on Applied Computing* Disponible en: DOI: 10.1145/2245276.2232070.

Pasamar, A. CRYPTERS: Localizando firmas de los antivirus, (2013). Disponible en: http://www.securitybydefault.com/2013/09/crypters-localizando-firmas-de-los.html.

Pauli, D. (2016). Irked Train Hackers Talk Derailment Flaws, Drop SCADA Password List. *The Register.* Disponible en: https://www.theregister.co.uk/2016/01/04/irked_train_hackers_talk_derailment_flaws_drop_scada_password_list/.

Peaget, F. (2011). Hacktivismo. El ciberespacio: Nuevo medio de difusión de ideas políticas. McAfee, McAfee Labs [Online] Disponible en: https://es.scribd.com/document/99261543/El-ciberespacio-Nuevo-medio-de-difusion-de-ideas-politicas

Pink Elephant. (2013). Fundamentos de ITIL. Vol. 5.5. Burlington, Ontario, Canadá.

Pink, Anotador 1kb (Bolita), (2013). [En línea]. Disponible en: http://www.indetectables.net/viewtopic.php?f=12&t=45686.

Preda, M. D. (2007). *Code Obfuscation and Malware Detection by Abstract Interpretation.* Universita degli Studi di Verona, Dipartimento di Informatica, Italia.

República de Chile. (2016). Propuesta de Doctrina Nacional Conjunta. Borrador, Ministerio de Defensa Nacional, Santiago.

Rubin, A., y Schreuer, M. (2016). Security Risk: Belgium Fears Nuclear Plants are Vulnerable. Disponible en: http://www.nytimes.com/2016/03/26/world/europe/belgium-fears-nuclear-plants-are-vulnerable.html?_r=0.

s/a. (2018). *Avast Antivirus Gratuito.* Disponible en: https://www.avast.com/.

San Isidro, M. J. (1998), Proceso de Validación de Modelos de Simulación, Madrid, España: Informes técnicos Ciemat. Disponible en: https://inis.iaea.org/collection/NCLCollectionStore/_Public/38/106/38106925.pdf.

Sanger, D., y Mazzetti, M. (2016). U.S. Had Cyberattack Plan if Iran Nuclear Dispute Led to Conflict. The New York Times. Disponible en: https://www.nytimes.com/2016/02/17/world/middleeast/us-had-cyberattack-planned-if-iran-nuclear-negotiations-failed.html.

Siddiqui, M. (2008). *Data Mining Methods for Malware Detection.* EEUU: University of Central Florida. Disponible en: https://stars.library.ucf.edu/etd/3709/.

Szor, P., (2005). *The Art of Computer: Virus Research and Defense.* EEUU: Pearson.

Tahan, G., Rokach, L. y Shahar, Y. (2012). Mal-ID: Automatic Malware Detection Using Common Segment Analysis and Meta-Features, *Journal of Machine Learning Research* pp. 949-979.

Valencia-Duque, F. J. y Orozco-Alzate, M. (2017). Metodología para la implementación de un Sistema de Gestión de Seguridad de la Información basado en la familia de normas ISO/IEC 27000. RISTI. *Revista Iberica de Sistemas e Tecnologias de Informacao*, pp. 73-88.

Vicente, L. (2004). ¿Movimientos Sociales en la Red? Red de Revistas Científicas de América Latina y el Caribe, España y Portugal. Disponible en : http://www.redalyc.org/articulo.oa?id=32512615.

Vinod, P., Laxmi, V. y Gaur, M. (2009). *Survey on Malware Detection Methods.* The 3rd Hackers Workshop, Hack.in, pp. 75-88.

Von Neumann J., (1966). *Theory of Self-reproducing Automata.* EEUU: University of Illinois.

Wionczek, M. S. (1968). La trasmisión de la tecnología a los países en desarrollo: Proyecto.

Wong, C. y Stamp, M. (2006). Hunting for metamorphic engines, Springer, Volume 2, Issue 3, pp 211-229.

You, I. y Yim, K. (2010). Malware Obfuscation Techniques: A Brief Survey, IEEE Computer Society Washington, DC, USA. DOI: 10.1109/BWCCA.2010.85.

Zico Kolter J. y Maloof, M. A,. (2006). Learning to Detect and Classify Malicious Executables in the Wild. *Journal of Machine Learning Research* 7, 2721-2744.

Zagreb Consultora Limitada. (2008). *Estudio para la definición e identificación de infraestructura crítica de la información en Chile*. Subsecretaría de Telecomunicaciones, Santiago.

Zhang, Q. (2007). MetaAware: Identifying Metamorphic Malware, IEEE. DOI: 10.1109/ACSAC.2007.9.

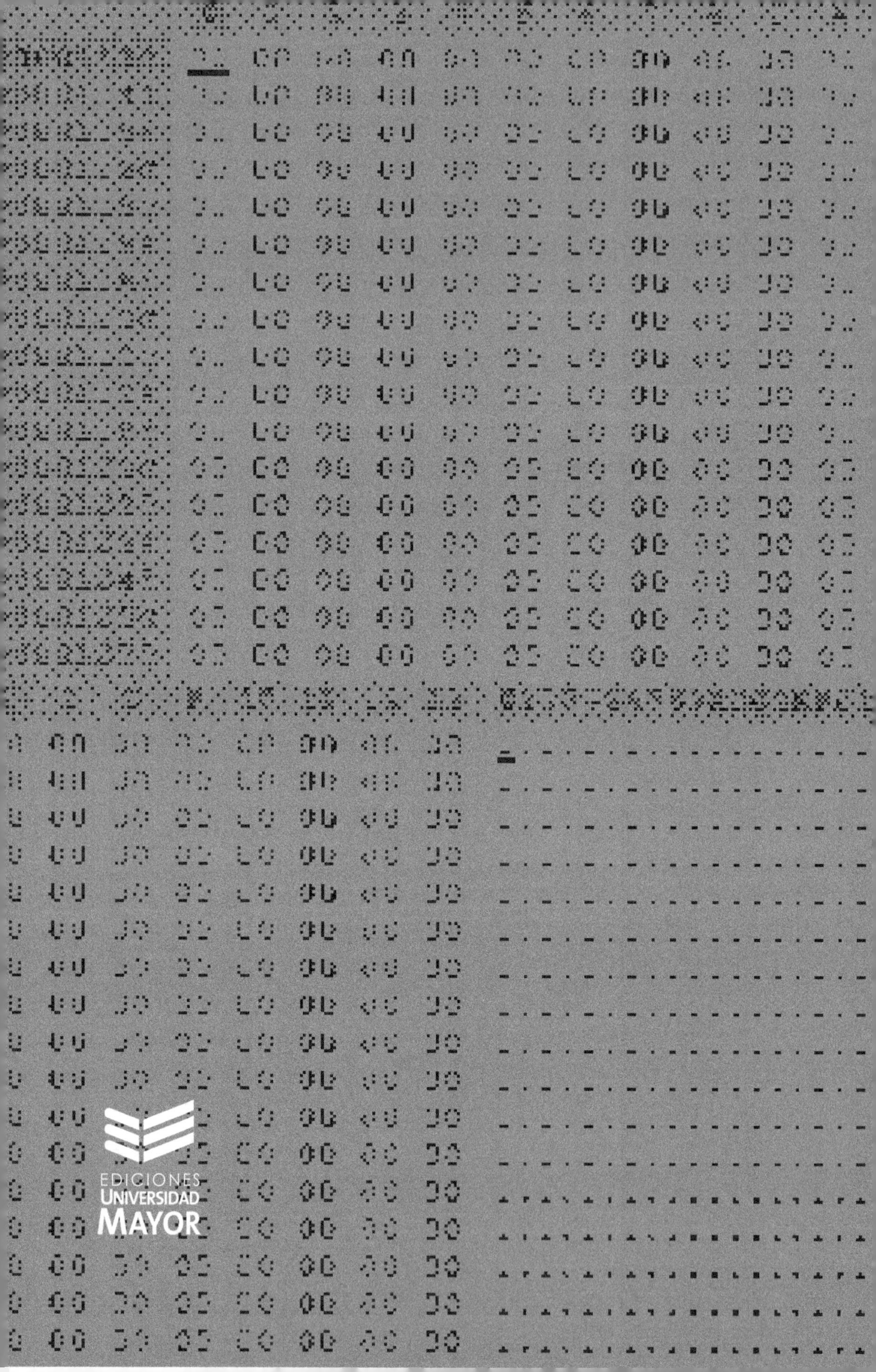
EDICIONES
UNIVERSIDAD
MAYOR

www.ingramcontent.com/pod-product-compliance
Lightning Source LLC
LaVergne TN
LVHW080455160826
845677LV00006B/1370

* 9 7 8 9 5 6 6 0 8 6 0 2 4 *